When ah tuik up post as 'R
Dumfries an Gallowa Arts Ass
pit forrit the idea o collatin an
in the Scots leid. DGAA gien me their full backin tae pursue this
project sae ah began contactin Makars wha leeved in the
region an collatin poems fir inclusion. Ah waantit tae create a
buik o poems that wis a delicht; enjoyable, accessible an a
pleasuir fir fowk tae read. Scots, as a language, is in a parlous
state, an ah hae ma douts that a buik lik this could be pro-
duced in a generation or twa. The makars in this buik dinnae
juist write in this leid – they leeve in it! Tae hear thaim read
these poems is tae hear a souch o a Scotland that is vera much
in danger o passin awa, unless we aa tak tent an tak measuirs
tae presairve Scots, especially, ah believe, via oor educational
system. It hus bin an absolute honour tae wark wi the Makars
in this buik, an ah wid like tae thenk thaim aa personally fir
their leal-heirtit support in the creation an production o
'Chuckies Fir The Cairn'.

'That I for poor auld Scotland's sake
Some useful plan, or book could make,
Or sing a sang at least.'

ROBERT BURNS

Rab Wilson (editor)

Chuckies Fir The Cairn

*Poems in Scots and Gaelic by contemporary
Dumfries and Galloway poets*

RAB WILSON

Luath Press Limited

EDINBURGH

www.luath.co.uk

First published 2009

ISBN (10): 1-906817-05-7
ISBN (13): 978-1-906817-05-3

The publishers acknowledge the support of Dumfries and
Galloway Arts Association towards this publication.

The paper used in this book is recyclable. It is elemental chlorine
free (EFC) and manufactured from sustainable wood pulp forests.
This paper and its manufacture are approved by the National
Association of Paper Merchants (NAPM), working towards a more
sustainable future.

Printed and bound by Thomson Litho, East Kilbride

Illustrations © Hugh Bryden

Typeset in 10.5 point Sabon
by 3btype.com

Extract from 'Chuckies on the Cairn' by Robert Garioch
Sutherland reproduced courtesy of Birlinn Ltd.,
www.birlinn.co.uk

DEDICATION
frae 'Chuckies on the Cairn'

Thae twa-three chuckie stanes
I lay on Scotland's cairn
biggit by men of bigger banes
afore I was a bairn,

and men of greater micht
will trauchle up the brae
and lay abuin them on the hicht
mair wechty stanes nor thae.

Robert Garioch Sutherland
1909–1981

Contents

Introduction   xiii

LIZ NIVEN

Efter Ye Cam Back Fae Malawi   3
Eatin Locusts   5
In Memoriam Solway Harvester   7
Comet   9
Hearin A Sang Fae Ma Boat   10
Hinnie   11

DOUG CURRAN

The Basket Makers   15
Aye When Simmer Cam   17
Ina   18
The Smiddy At The Whaup   21
The Silent Hoose   24
Walkin The Horses Hame   25
On Cairnfield Heichts   27
Auld Time Dancin   29
Factory Deems   30
The Men Frae Radio Ulster   31

DAVID DOUGLAS

Dancin Frogs   35
Dangerous Wurds   36
In A To'oer   38
Liftin   40

Maternity 41
The Giraffe 43
Hideyoshi Replies 44
Joes Field 47
Kennin Einstein 49
Puffin Billy 50
Tam Bides Hame 52

JOHN BURNS

Bricht In The Licht O Heaven 57
Abuin The Hill Fuits 58
Scliffs O Licht 59
Johnny Maxwell Dances 60
Frisco 62
The Boonds O Heaven 65
The Licht Aye-Bidan 67
Kensho 68
The Leafs Maun Faa 69
Untitled 70

JOSIE NEILL

Me An Katie Morrison 73
The Wattergaw 75
Heritage 76
Mullwharchar 77
Mairi Stuart 80
Orra Tink 82
Tibbie Logie 85
A Christmas Poem 87
Lament For MacDiarmid 88
Makars Warslin 89

HUGH BRYDEN

Balloon	93
Chappin Chairlie?	94
Fags	95
His Faither's Voice	96
Chipshop Checkmate	97
Metaphor?	98
Cryin In Ma Beer	99
Shaving	101
If Ah Could Talk Tae The Airtists	102

JOHN MANSON

Toun Graveyaird	111
Soun	113
Auld Notes	115
1903	117
Gell	118
Loddan Neeps	119
Pleuan	120
The Stirk	121
Reidmasach	122
San Martino Del Carso	123
Deid O Nicht	124
Bleck Stane On Tap O A White Stane	125

WILLIE NEILL

The Auld Grunn	129
Drumbarchan Mains	131
Kailyard And After	133
First Keek At A Corp	135

Hielant John 1930   136
Fitsides Wi A Prood Hizzie   137
A Faur Cry Frae Auchinleck   139
Seasons   140
The Power Of Advertising   141
A Celtic History   142
Faur Ahint Maun Follae Faster   143
Hertsaw   146

BETTY TINDAL

Preservin Memories   149
Green Moss   151
The Letter   152
The Slaes   153
Glimpsing The Unicorn   155
Reelin Back The Years   156
Jist A Domestic   158
Turning Tae Sang   159
Joyfu Souch   160
Walking The Line   161
Winter Glaur   163
P- P- P — Prostitution   164

ANGUS MACMILLAN

Balla Samhach / Lown Wa   166
Tha e sileadh an Leodhas / It Is Rainin In Lewis   168
Gearan na cuilegeagan-mheanbh / The Midges' Complaint 170
Toimhseachan / Conundrum   172
Fear-labhairt deireannach / The Hinmaist Speiker   174
Uisge Beatha / Uisge Beatha   176

Dannsa 'san t-seomar-feitheamh /
   Dancin In The Waitin Room   178
Ciste / Kist   180
Gaelic Haiku   182
Historical Shorts   184
Tartan Briefs   186

DEREK ROSS

Waterloo Tower, New Abbey   191
Staunin Stanes   193
First Gemme   195
Museum O Scotland   196
Hadrian's Wa   197
Dunbae Road   198
Tide   200
Origins   201
Forest Cottage   202
Dry Stane Dyke   203

RAB WILSON

Biggin   207
Extract from *The Ruba'iyat of Omar Khayyam: In Scots* 208
The National Conversation   210
Heraclitus   215
Diffugere Nives   216
Heroes   218
Dumfounert Wi Wunner   219
Somerfield Checkout Coonter #2   220
Playin MacDiarmid At Scrabble   222

Introduction

THE POETS RAB WILSON has gathered in this anthology represent an important and often neglected strand in contemporary Scottish poetry. Native Scots-speaking poets whose chosen language is distinct from English and expressive beyond the capacities of that sister-language, they are committed to their country, place and the people who inhabit the world beside them. However, earthed and native as they are, there is nothing narrowing or oversimplified here. There is instead a balancing plenitude of outward-looking, either in translation from other languages and from other fine poets, or in travelling, wandering and witnessing in other lands, other cultures and economies.

These poets work in dreams and intuitions, as all poets do, but as Scots-language poets they all also must work in the context of immediate tones of voice and sensuous particulars. The great modernist poet Ezra Pound warned his contemporaries to 'Go in fear of abstractions' but in Scots, concrete details and particularities are more likely to populate a poem with rich textures and sharp juxtapositions of tone. The serious or austere may be addressed familiarly, as Burns addressed the Devil, without Miltonic grandiloquence. Yet seriousness is recognised with touching humility, the grand chords of life to which assent is the only thing that is not absurd.

Scots needs to be recognised as a valid category of speech, in all its varieties from Dumfries and Galloway to the Mearns of Aberdeenshire, from Unst to Ecclefechan. And as a complement to the speech of perhaps most Scottish people, it is also a language in which a great literature has been written. It is shameful that our education system has allowed the situation to deteriorate so far that many Scots-speakers would not identify the language they speak as Scots, referring to it as merely slang or a dialect of English (suggesting something subordinate), which it is not. It is just as shameful that the system has not empowered readers with a full acquaintance with the range of literature in Scots, not to mention Gaelic in translation (of which we can always do with more). The work of the dictionary-makers is of critical importance here, both as a labour of professional lexicography and as a fundamental act of faith in the creativity of poets and writers who use the language. At the start of the 20th-century renaissance of Scottish literature, Hugh MacDiarmid's discovery of the treasuries of Scots vocabulary in Jamieson's *Dictionary* and other wordbooks went hand-in-hand with his drawing on the sounds and rhythms, tones and colours of the speech of his childhood's native place, in Dumfriesshire:

> I had the fortune to live as a boy
> In a world a' columbe and colour-de-roy
> As gin I'd had Mars for the land o' my birth
> Instead o' the earth.

> Nae maitter hoo faur I've travelled sinsyne
> The cast o' Dumfriesshire's aye in me like wine;
> And my sangs are gleids o' the candent spirit
> Its sons inherit.

Sons – and daughters too, of course: but the image of 'gleids' (the word means 'sparks') is universal and exact. If MacDiarmid's Scots vocabulary is precise and illuminating, his fellow-poet, the Scots-language master Robert Garioch, is this book's dedicatee and in a way, its presiding spirit. Garioch too was a wordbook-devotee, describing himself as the Scottish National Dictionary lexicographer's 'orra-man' and building his poems by blending the learned and the experiential, the intellectually commanding and the emotionally immediate. His translations from the Roman poet Giuseppe Belli suggest the affinity poets demonstrate across cultures, languages and histories, not least in the unsentimental pathos of 'The Puir Faimly' – one of the great poems of the 20th century (check it out). Something of its distinction, its simplicity and sophistication, is shared by many of the poems in this anthology.

If language and location seem to unify the poets here, they are nevertheless highly individuated, each a very different character.

Liz Niven is a stravaiger, bringing poems home from Malawi, Phnom Penn or China (ancient and modern) but her language and moral values are secured in Scotland, affectionate, politically keen, emotionally open but astute at avoiding sentimentalism. Doug Curran writes evocatively of local scenes and characters, things 'lang by wi noo' which demand to be recorded, as a history that might implicitly challenge the present and not prompt mere nostalgia. There is indeed in his work sentimental attachment to rural Galloway, but it is universal sentiment – the highest common denominator – not the cheap perfume of television advertising, the lowest common factor. And for a strong influx of such feeling, carefully controlled and structured, we are none the worse. Note too Curran's nicely ironic take on the unpredicted development of Ulster Scots, which in its own political context is officially government-funded, recognised and supported, in a way that should put our own government's funding of Scots to the test. David

Douglas writes with inimitable attentiveness to vocabulary and line-structure, playfully yet with a deeply serious purpose, employing a tone of voice both conversational and poised, built with craft and artifice (in a good sense), experimenting on the page with layout and trying out different forms, dramatic monologue, translation and extended storytelling.

John Burns is the author of a fine study of the great novelist Neil Gunn, *A Celebration of the Light*. His poems have an intensity of moment and integrity of perception unlike any others in the book. Minimalism of a kind, Burns's poetic inclination is to catch what he calls 'Scliffs o licht' on the page, and watch acutely what they reflect, shine on or break open. Yet these are not abstract poems: Johnny Maxwell is a real man, dancing a real dance, and to recollect Yeats's great poem, 'Among School Children', the miracle is in not trying to separate the reality of dancer and dance from each other: they are united in movement. Similarly, the mind holds in one poem images of Turkey, Scotland and San Francisco, singular yet multi-faceted. By contrast, Josie Neill describes domestic situations, characters, activities, natural phenomena, contemporary threats of political intrusion and imposition, historical characters (from Mary Queen of Scots to MacDiarmid himself), all in unpretentious, sustained, intelligent, rich, marvellously effective Scots.

As an art teacher, Hugh Bryden has a highly developed eye for visual layout and design. His poems are often deliberately shaped for effect, playful and poignant, yet when he writes straightforwardly of the connectedness and distance between fathers and sons, he can be simply and memorably moving, as in 'Shaving'. The pathos of this poem contrasts nicely with the broad humour of his addresses to other artists – from Picasso, Dali and Braque (difficult but masterly) to Hirst amd Emin (where commercial priorities have overwhelmed any semblance of artistic value). These are not merely squibs: a real engagement with vision and disgust at exploitation rises through them.

John Manson is one of the senior poets and most experienced translators in the anthology, with poems 'owreset' into Scots from Cernuda, Bandeira, Cavafy and Ungaretti, while poems relating to his life as a crofter in the Highlands have an authenticity, vividness and shocking immediacy that conveys the relation between the human world and that of animals – not domestic animals, but farm animals, there to live and work with – in a bloody but ultimately bountiful reality. These are rare, lean poems of actual and practical knowledge, without a trace of fat or emotional indulgence of any kind. Willie Neill also is one of the senior Scottish poets of the early 21st century, bringing news of a world that seems historical to many of us but is actually as close as the very experience of reading his poems. Neill is a fine poet not only in Scots but also in English and in Gaelic. The range of experience of language itself enhances a quality of openness and a sense of enquiry in his poems, a sympathy with all living, vulnerable creatures, the countryman's impatience with human wantonness and the nullifying neutering that comes with the strict conformity of tailored suits, pan-loaf speech and the disadvantages of higher education. Neill reminds us that education should not be about conforming but about asking questions and trying to find answers. In 'First Keek at a Corp' he recollects the old practice of ushering a child in to visit the corpse of a loved one before the 'kistin' (the sealing of the body in the coffin, prior to burial). Confronting mortality is not something the prevalent attitude to experience encourages much these days, but we all do, and sometimes, poems can help more than most of what our culture provides. Recognising such things, Neill is quick to satirise the false values that sometimes bedevil Scots people, none more exemplary than James Boswell, the syndrome familiar in the whine, 'It might be wee, but at least it's Scottish!' Neill rejects the apologetic, not in a spirit of narcissistic vanity but in a confident assertion of his own strong mortal self, an exemplary poet.

One of the most important works in the achievement of modern Scottish literature has been an unashamed exploration, analysis and sometimes celebration of sexual identity, whether in the visceral anatomisation of the relativity of human value in sexual identity in some of MacDiarmid's finest poems, like 'Harry Semen' or 'Vementry' or in the significance of women both as central characters in fiction by men – most notably Chris in Lewis Grassic Gibbon's trilogy *A Scots Quair* – or even more importantly, in the writing by women, in fiction, plays and poetry, which deals preeminently with the experiences of women in ways no man ever could. This 'woman's perspective' – and the term is no disparagement – is a forte in the poems of Betty Tindal. Her poems are in direct connection with Marion Angus and Violet Jacob at the beginning of the 20th century, drawing on personal experience and the ballad tradition, suggesting stories behind the events described in the poems themselves, using natural things – berries, bushes, bridges – to suggest metaphors unobtrusively and unemphatically, while allowing the things to retain their own realities. Slae bushes are literally themselves but their bitterness is also tasted metaphorically in arthritic old age.

Angus Macmillan is a very much undervalued poet: 'Aa oor leevin/is in waitin', he writes in 'Dancin In the Waitin Room', and the lines might serve as advice about how to be patient. Like John Burns, Macmillan can arrange a few words in small poems and prompt an eye-opening understanding of aspects of the real world otherwise closed to the moving view. Writing in Gaelic, he reminds us that English may be a world motorway where you can get around speedily but see almost nothing on the way. Gaelic and Scots slow you down, help you take your time, look around, savour and realise things your life needs. Travelling hopefully is better than travelling fast. Also, he has a deep sense of personality, the quirky things that individuate and humanise people, and that require a well-developed sense of humour and irony, as is evident in the sequences 'Tartan Briefs' and 'Historical Shorts' (many made me chuckle aloud and both sequences are at least as witty as many of the poems in Carol Ann Duffy's well-publicised series about the wives of famous men). Macmillan is rightly associated with the Dumfries and Galloway region this book celebrates but he is also to be found in the company of such eminent poets as Seamus Heaney in the important new periodical *Archipelago* (Clutag Press, PO Box 154, Thame OX9 3RQ), edited by Andrew McNeillie, son of the novelist Ian Niall, whose novel *Wigtown Ploughman* and memoir *A Galloway Childhood* are neglected classics. One might observe that the virtues of the poets included in the present anthology, such as Macmillan, are being noted by a small but very discerning readership in a much broader context than the regional, one which rates the values of regional or indeed archi-pelagic identity above or at least alongside those of metropolitan élitism.

Many of the specific buildings, locations and landmarks of the Dumfries and Galloway area are co-ordinate points in the poems of that fine photographer Derek Ross: New Abbey, standing stones, Hadrian's Wall. When he talks of the Museum of Scotland wrapping an old story in new covers, he might be describing his own poems, finding new ways of touching and representing the old things, the baselines and essential properties of an older Scotland we still need to learn from. No academic sophistication can afford to ignore these pertinent reminders. Every poet needs to read the maps.

And so to the editor himself. Rab Wilson is one of the best poets now working in Scotland. In the interest of his language, subject matter, form of address, development of style and perspective and tone, he is far more curious and willing to take risks than almost all of his contemporaries, especially the more academically-impaired sort. His sincerity is matched by a sophisticated attention to poetics, what the range of poetry in all its shapes and forms can do, and this has been developing since his earliest publications. Integrity, therefore, is a hallmark. As the poems selected here demonstrate, he is an entertaining 'occasional' poet, well able to turn out poems that are both simple and clever on themes or topics of the moment. Anyone reading his books, however, especially the sequence 'Somewhaur in the Daurk: Sonnets inspired by the Miners' Strike of 1984–85' from his book, *Accent o the Mind* (Luath Press, 2006), may note that this is a deeply serious poet, unafraid of speaking with utter solemnity and unresolved compassion about real people suffering. He is a poet worth watching simply because whatever he does next is bound to be of interest. There are many better-known poets, more easily enthused-upon by lazy journalists, of whom that cannot be said. As an anthologist, moreover, in this book, he has gathered a significant collection of riches I am glad to have read and look forward to returning to.

'It requires great love of it, deeply to read / the configuration of a land', MacDiarmid once wrote, challenging the critics for whom analysis is more important than love. Without that 'great love' no man, no woman, can read deeply. People – university people, even – sometimes need reminding where that love and deep reading can be found. Among its many merits, this book does that job admirably.

Professor Alan Riach
Department of Scottish Literature
University of Glasgow

—

Readers o this buik micht be keen tae increase their knowledge o Scots wirds bi gaun online an consultin the 'Dictionary of the Scots Language' at **www.dsl.ac.uk**

Liz Niven

LIZ NIVEN is a Glesga-born poet wha nou leeves in Dumfries. She writes in English and in Scots and her poetry collections include *Stravaigin* and *Burning Whins*. She hus collaborated wi artists oan a wheen o poetry projects in public spaces and is in regular demand fir rinnin creative writin warkshops across Scotland. She hus bin a teacher, a Scots Language Development Officer and a Cultural Co-ordinator.

Efter Ye Cam Back Fae Malawi

Efter ye cam back fae Malawi,
A kent mair aboot thon muckle lan o
bens, lochs an singin folk,
the warm hairt o Africa.

A kent elephants jist see black an white,
thir is a derk side tae hippos,
that crocodiles wir gliskin by yer boat.

Wimmen cairry caur batteries
oan thir heids lik bunnets.
That muckle oan thir heids,
the world oan thir shouders.

A kent aboot the potter, dauncin by his table o pots.
Aids orphanage boays wi black smilin faces,
whae mimed an daunced,
Sang, *here we dig graves for our mothers.*
Bury her in the soil, sing her spirit to Heaven.

A kent aboot the scuil wi nae winnocks or lichts,
twa thoosan weans, an this rule fir the maisters;
Arrive early, ye'll get a plastic chair,
arrive ower early an gaither leafs
tae redd oot the cludgies.

Efter ye cam back fae Malawi,
ye gied me widden bangles
carved intae lik the kintra ye'd seen;
British, French, Belgian, Dutch.

Efter ye cam back fae Malawi,
the dry cleanin lassie said,
aboot yer jaiket cuffs,
reid edged wi desert saun,
this'll mibbe be indelible.
An A kent she wis richt.

Efter ye cam back fae Malawi,
A wunnert, as we lay thegither
in wir clean bricht hame,
hoo much is a mishanter o birth.

Eatin Locusts

Efter we'd seen the Killin Riggs at Phnom Penn,
the bus shooglt throu Cambodia's kintraside
tae Siem's Reap's ancient temples.

Ma een wir oan stalks at the hooses oan stilts;
shilpit widden shacks abuin broon glaur
thrang wi dugs, chickens, pigs.

We'd been telt twa thoosan lanmines
still lace the kintraside,
lik daithlie doylies.

Fae the bus windae we seen
sheet efter sheet o white plastic,
strecht oan widden sticks lik a dream catcher
tae trap the nicht's fleein insects.

Stopping fir a brekk oan the fower hoor journey,
we strecht wir legs, tuned wir lugs
tae rhythms an soons aroon us,
ettled tae droon oot the morn's horrors
an Pol Pot's legacie.

Merkets lined ridd ens,
fowk piled fish, fowl, fruit
ontae cloath covert trestle tables.

A lassie buys fae a platter
heapt heich wi shiny shapes,
bleck as nichtmares.
Herr tied perjink in a lacy bauble,
ye cuid see hingin fae her lugs
gowd earrins o pink lustre globes.

She hauns ower coins we dinna ken,
dip dips her reid paintit finnger nails
intae a paper poke, pulls oot bodie efter bodie,
brekks aff sherp claws, snaps aff pyntit heids,
chucks starin een oan tae the grun.
An pops locust efter locust atween her pink lips.

In Memoriam Solway Harvester

It is the saddest thing
gin loved yins dinnae come hame,
whither sea or soil or sky
has taen them.

This time it's the sea's turn.
The Solway is the harvester,
haulin in a fine catch o
seeven young men fae soothwest villages;
brothers, cousins, husbands, sons.

Fae boyhood days they kent the sea,
fir leisure or labour,
fae skytin stanes abuin it,
tae skipperin ships across it.

In Machar's hames an kirks,
faimilies an freens haud hans,
fin words tae mend crackt hairts;
dark as the deepest ocean.

Bit nane will dae sae weel as
time an tears,
wavin in wi the Spring tides
ower Ninian's land.

These mists o watter,
are mair nor jist a haar
comin in fae the wild sea,
as Gallowa folk greet thegither
fir thir deid sons.

May licht brak,
in days tae come,
as the year grows.

Fir it is the saddest thing
gin loved yins dinna come hame,
whither sea, or soil, or sky,
has taen them.

Comet

frae the Chinese of Bei Dao throu Bonnie MacDougall's Englis

Come back or lea forever
dinna staun lik thon at the door
lik a stane statue
talkin aboot awthin atween us
wi a luik thit expects nae answer

in fact whit is herd tae imagine
isnae daurkness bit dawn
hoo lang will the leerie licht last
mibbe a comet will appear
trailin debris fae the ruins
an a list o failures
lettin them glitter, burn up an turn intae ash

come back an we'll bigg again wir hame
or lea forivver lik a comet
gliskin an cal lik frost
thrawin oot the daurk an sinkin back intae daurkness yince
   mair
gan throu the white lobby jynin twa nichts
in the glen whaur echoes arise oan aw sides
ye sing alane

Hearin A Sang Fae Ma Boat

fae the Ming Dynasty Chinese o Chang Yu

whaur is this bonnie sang bein sung
                    wi its wee an lang notes?
shore-win, saun-rain minglin wi the doule soun.

there's nae need tae hear it at the enns o the irth
                    tae be gey deeply muivit.

a'm jist yin day away fae hame
                    an it's brekkin ma hairt.

Hinnie

frae the Frisian of Tsead Bruinja

hinnie, naebodie kens aboot the lives afore
whaur we passit each ither by or tynt the bus
wan o us wis oan or ye wir ma sister, ma mither,
an it wis doomit atween us fir ower monie

year or a faith loomit up atween us
whyles the road maun hae been as muckle
as a continent wi me mibbe thrang
cleckin fire jist as you an yer sweethairt

wir lichtin caunles oan the ither side o the watter
am A haudin ye ower ticht yince mair? A dinna want
tae crush ye bit A'm feart an gled at yince that

naethin will ivver come atween us again ayont
this warld whaur we cannae come thegither fir
it's ower wee fir the doule o twa becomin yin

sweethairt let time tear us apairt as we dee yin bi yin
we will fecht back wi briggs o wards.

Doug Curran

DOUG CURRAN wis born in Monreith, Wigtownshire, and fuins inspiration fir a wheen o his poetry in his native Gallowa. He writes muivingly o the fowk an the airts familiar tae him throu aa his years in the region, and hus hud poetry published in *Lallans* magazine. He hus alsae braidcast on BBC Radio Ulster's Ulster-Scots language programme 'A Kist o' Wurds.' Nou retired, he bides in Crawick, Sanquhar.

The Basket Makers

Ilka year they cam back,
the sturdy piebald pownie
pu'in' the steel-shod cairt, cairyin
dugs, wife an withies; an weans,
wi bare broon legs
swingin carelessly
ower the sides o the cairt.

They aye campit at the
same place by the road-end;
the horse tethered by the burnside,
lean lurcher dugs chasin rabbits
amang the whuns, lauchin weans paidlin
bare-fitted in the burn, thir cries
resoondin frae the echo stane.

Suin the campfire wid be lichtit,
the woman busy wi smoke-blackened
pots an kettle, while the tinkerman
built the bendie, a skeletal framework
o soople hazel wands, lashed
thegither wi bits o string
an happit ower wi canvas.

An aa throu the lang simmer days
the tinker man an his wife wid sit
wi thir bundle o sauch wands,
thir quick broon fingers never still,
as they wove intricate baskets an trays,
while aroon them the weans ran carefree
amangst the whinny knowes.

It wis at mirknin I wis drawn tae
them maist, as they sat thegither
roond the bleezin fire.
Behin them the door o the bendy
yawned daurk an mysterious,
the sperks frae the fire risin lazily
tae mingle wi the brichtenin stars

But the leaves began tae turn
as the year wore awa, an
ae mornin they wid be gane.
Nae guidbyes; jist the cauld ashes
o the fire, an a patch o flattened grass
whar aince the bendie stuid
ablo the silent echo stane.

Aye When Simmer Cam

Aye when simmer cam an brocht ye back,
through aa oor growin years ye aye were bonnier.
Beglaummer't, we firsled tae yer side,
like bees, aroon a fresh an fragrant flooer.
Yer daurk een danced amang us, an ye lauched,
wi caller lips sae fu, sae red an ripe.
We dwadled in yer shade whar ere ye gaed,
an lingert ower lang, an were ensnared.

The tentless days o simmer streitched awa,
wi time tae fash an fike for favour.
But aye ye leesed on nane ava,
nae metter hoo we sought tae chairm ye.
We snetchit at whit draiglins that ye gaed:
a smile, a look ower dimpled cheek.
An happy was the gossock that should gain,
the chaunce tae snauchle proodly by yer side.

But aince, cam simmers end, we twa alane,
stood barefit, by the risin watters lip,
wi nae'n noo tae steal awa yer ee,
nor mark the touch o tender fingertip.
But the pale mune pu'd, the careless tide ran high,
an bleert our mingled fitprints frae the saun.
I dwingle't thro the nicht, but cam the dawn,
the simmer days were ower, an ye were gone.

Ina

Ina sits by the window, before the day begins,
she watches the star-licht fadin, an hears the first bird sing.
An ower the dew-decked mairlan she sees the hilltaps kissed,
by the first bricht ray of sunshine, tae pierce the morning mist.

Ina sits by the window, as the sun begins tae clim,
abune the burnside rowans, whar the flichterin swallows skim.
An deep in the shady willans, she sees the sun-flaucht flame,
on the gowden faem-flecked watter, as it plashes ower
    the stanes.

Ina sits by the window, an sees the raindraps blaw,
on the westlan wind that scatters the smirr agin the wa.
She traiks a drap with her finger, as it dreeples doon the pane,
but it bleers amangst anither, an flisteret, she sterts again.

Ina sits by the window, lost in a world o her ain,
whar a dew-drap's glint is wondrous, an a faa'n leaf brings pain.
Whar the wind-moan in the chimley, or the sunset ower
    the moss
can mak her waul in torment, for something sensed, then lost.

Ina sits by the window, wi the shadows growin lang,
an spellboun hears the thirssle, throb oot his een-tide sang.
But as nicht's dark shroud faa's faster, an the sweet notes fade
    an die,
she leans her head on the casement, an weeps, tho she kensna
    why.

Ina sits by the window, an watches the getherin nicht
smoor her world in daurkness, while her sowl yerns for the
    licht.
She'll sloom the lanesome oors awa, till a new dawn pents
    the sky,
then again she'll sit by her window, an watch, as her life slips
    by.

The Smiddy At The Whaup

It still stauns in the backlan's o Whauphill,
Granfaithers auld smiddy. Empty noo,
but then, onytime the reek wis curlin frae the lum
aa the auld cronies wid gether for a crack
by the mou o the Smiddy Close.

In by the forge, Granfaither wid be bent ower his wark,
face lichtit by the anvilflush,
his hemmer chinklin atween anvil an wark
as he shapit the hot ir'n
tae suit his purpose.

He watchit the wark as it cool't,
an when he jaloosed the time wis richt,
plunged it deep intae the watter troch,
an by some ancient alchemy
captured the temper that he socht.

Tae the forge again he'd turn,
an wark the bellows tae blaw up a bleeze.
Wi white het i'rn firm in the pincers' clesp,
again the anvil rang tae the hemmers' chap,
an the piece wis matched usin nocht but haun an ee.

When the horses cam for shaein,
they clumpit dully doon the close on bare huifs,
an while he roughed up the new shaen
they stood patiently by the smiddy door
watchin an waitin their turn tae be shod.

Syne, he liftit up ae great huif efter anither,
parin an raspin ilk ane intae guid shape
afore meldin the shaen tae their feenished size.
Then he clampit hot shae an huif ticht thegither,
the bitter smoke o burnin huif risin aroon his heid.

I aye wunnert gin the horse wis hurtit,
but he jist smiled, and said it wisna,
as he nailed the shae trigly intae place
an sneepit aff the point o yon queer square nails
wi a soople twist o the hemmer.

The horses were aye prood o their new shaen.
Wi heids high, an lugs cockit
they pranced up the close on their wey hame,
strikin sperks frae the cobbles,
the sherp clatter o their huifs ringin in the air.

In a quate meenute, some auld wife micht caa,
an he wid mak a poker for her fireside.
Or some bit bairn wid want a gird an cleek:
nae ower much tae ask, it's true
tho maybies aa the ferlie a wean wid hae.

But that's aa lang by wi noo, an Granfaither tae.
Gaen mair nor sixty year ago.
The new fowk hae set a gate across the Smiddy Close,
an auld men lik me maun fin some ither airt,
tae spreid their blether...

The Silent Hoose

The nock stauns silent since she left,
wi nae ane noo tae wind the wecht.
Nae steady tick tae mark the way
the meenutes wear awa the day.

Her chair is empty an her buik
lies open by the fireside neuk.
Her slippers wait upon the floor,
her peeny hings ahint the door.

Her knittin sits upon the shelf,
amangst her preecious bits o Delft,
an ower by the bedside wa
a faded photograph or twa.

A prood young man in uniform,
a lassie stood amangst the corn,
her goon bedecked wi bows an lace,
anither time, anither place.

I close her buik, pit oot the licht
an turn tae gae intae the nicht,
then pause, an sense that somethin's wrong:
I wind the wecht, an time muives oan.

Walkin The Horses Hame

When the last o the craws wir flappin thir weary wey hame,
sooty smudges agin the deein licht o a wunter sky,
it wis time tae meet wi ma Faither on the heidlan whar
he ploo'ed the last furras o the day, high abune Luce Bay.

In the getherin mirk, we lowsed the horses thegither,
the saft chink o cheyns carried awa on the snell westlan wun
that blew endlessly aff the sauchin sea, carryin wi it
the tang o saut and seaweed frae Kirkmaiden shore.

Oot ower the restless watter, the gulls glided hame
tae seek thir refuge high on the cliffs o Lagg,
thir plaintive voices resoundin frae the rocky heichts.
Awa whaur sky met sea, daurk Ellan Vannin blinked an ee.

Doon the lang rigg then, a horse on ilka haun,
velvet noses nuzzlin my lugs, braith waarm on my cheek.
Ower by the slap, the sleekit fox slips through the dyke,
seekin his supper, amang the growin sheddas.

The horses follow ane anither through the stable door,
thir een shinin bricht in the oil lamps glow.
Snickerin saftly, they wait in thir stalls,
keen tae be rid o the harness, eager tae be fed.

On the corn kist I sit, an watch them feed,
chestnut flanks burnished by the lamplicht.
Impatiently I meesure the lang days that maun pass
afore at last I can walk my ain pair hame.

On Cairnfield Heichts*

On Cairnfield Heichts he stood an cast his mind,
ower eichty years, back tae his faither's time,
afore he left for Canada's far-off plain,
this was the place his faither aince caa'd hame.

Throu saut-bleared een he saw the fields o green,
the ageless fields his faither tae had seen,
an his afore him, aye, an his again.
For aa man's toil, unchaingt, the laund remains.

But whaur lang syne the white gate used tae hing,
nae snaw-draps noo, tae welcome in the spring.
An whaur the daffins danced below the trees,
the banks are bare, an stoor blaws in the breeze.

An the hoose is but a ruin, the windaes stare,
like sichtless een, ower laund that aince wis theirs;
while doon the crumlin wa's the flow-moss dreeps,
like helpless tears on wussen'd, careworn cheeks.

* written at Heatherbank, October 2004, as a tribute tae cousin Alex
   Curran, o Oakville, Ontario, Canada. A truly remarkable man.

The empty rooms are silent, cauld an bare,
whaur at eventide the auld folks pu'd their chair,
aroon the bleezin ingle warm an bricht,
the oil-lamps glow a beacon in the nicht.

The door ajee, syne sweirt, he turn't aside,
an sattled tae let the auld days bide,
sauf in his hert, whar aye he would recaa,
the ties that thirlt him fast tae Gallowa.

Auld Time Dancin

In memory o Mary. May she be dancin still

She settled back sedately in her chair,
a douce matron, prim an neat,
an let her thochts wann'er tae days lang syne.
'Oh, aye,' she said, 'an then thir wir the dances!
Moniaive wis the place fir auld time dancin.
Ye divna get dances lik yon nooadays!
Goad! Ma airms wir sair fir days efterhint!'
Ah frooned, pousle't. 'Whit, frae aa the birlin?'
'Naa, naa!' she geegled, shakin her auld grey curls,
'Frae fechtin tae keep ma knickers on!'

Factory Deems

She cam rinnin in frae the cauld,
poured intae a pair o skin ticht jeans,
belly bare, a tattoo disappearin tantalisingly
atween the swell o young buttocks,
airms folded ticht across a jooglin bosom.
'Jesus Christ, I'm perished!' she said,
an keekit doon at her chist.
'An wid ye luk at that! Ma nipples
ur stickin up lik a dug's lugs!'
Ah chokit oan ma tea, but ma ee
followt the scarlet tippit forefingers
unerrinly tae whaur they pynted.
An they were lik a dug's lugs!
Fair forflithert, Ah wunnert;
could they hear ma auld hert poondin?

The Men Frae Radio Ulster

D'ye mind the day they cam,
yon twa men frae Radio Ulster?
Chris wis a producer body,
aye busy wi his wee recorder,
an Liam wis the yin
wi the gift o the gab
wha did aa the talkin.
A preseenter they caa'd him.

Weel, they wir wantin tae talk
aboot the auld Ulster-Scots tongue
jist like Ah learn't
at ma mither's knee.
But wi twa sic high flee'ers
as Chris an Liam due
Ah fund Ah wis slippin intae English,
for fear they widna unnerstaun me!

Housome'er, gin they arrived,
they wir jist twa ordinar bodies
wi nae airs nor graces.
They brocht a wee bit o saft Irish wather
wi them – half a gale o' wun,
an the rain stottin aff the windaes.
Syne Liam jist merched up tae the wife
an askit, could he waarm his erse at the fire!

Sae that wis that, we were aa at ease
wi ane anither. They talkit jist like masel,
Chris plooterin wi his tapes,
while Ah read them ane or twa poems,
an Liam askit some qweestions
aboot the auld days
when the mither tongue
wis mair common nor the day.

Syne aff they went, content,
thir erses waarm, thir wee machine fou
o anither episode o their programme.
Man, the warld's a gey queer place.
At Schule they near leather't
the auld Scots tongue richt oot o me,
an noo folks treesure the riches
they fin in ilka 'Kist o' Wurds'.

David Douglas

DAVIE DOUGLAS is the misbegotten son of a *mésalliance* atween a Glesca seaman's dochter an a Galloway-Irish navvy. A combination o protest and rust wi cat-hae-a-lick guilt, that explains muckle. Followin oan frae a revolutionary Marist educatioun he ascended upon Sanct Andra's University – auldest in Greet Brit – again (mair Papal bull). As a resairch mineralogist he discovirit the enchantment o the stacks an nivir luikt back, 'ceptin when he lapsed intae project managin. Happily recovered he noo bides in a wee Gallowa village wi flo'ers an screives. Oan account o aa this he's thocht no entirely wyse – but hairmless maistly. His twa dochters often shak thir heids. But then he will persist that the Irish *('finest o aa God's notions')* inventit leeterary modernism.

He is an exasperating fellow.

Irresolutely serious, his great ambition in life is tae unlearn aa the tortoise taught us. Iffen he hud a ha'pence wirth o sense he wud tak Basil B's advice, nivir explain and shut up... *noo*.

Dancin Frogs

When frogs can *danse*
When dogs stravaig
        miles oan stilts
an leopards waltz.
When giraffes glide gracefae as barques
Hoist sail upun wide wide savannah grass
Navigate bi unseen stars,
When frogs can *danse*.

When th' ox can talk
When buffalo sing
An apes can dae maist anything.
When monkeys mak mair sense than yir mither
Or Shakespeare peckin at the typewriter.
Then an ainly then, frien
Kin ye lecture us oan
The wha', why and ee'n whaurfor.
Then, gladly oan this
or ony ither important matter
In tha meschance, commentate oan
When frogs learn tae *danse*.

Dangerous Wurds

(*on browsing MacTaggart's* Gallovidian Encyclopedia)

A quare eccentric view o the warld
this fairmin chiel does in his buik unfold.
Could *priggle* a merchant down in price thruppence or less
even eifter *stravaigin* to mairket *stegging* lik a goose
havin already *libbed* the baws frae a couple of calves
stotts ye ken, him no' even *pechan* oot o breath
but should he call you *scalbert* low life, dreich
or simply imply yer *scodgie* an no tae be trusted
then prepare *slinoush* of brutish disposition
tae tak a *nub* tae the heid
a *huirst* tae the body
or even a good *rout*
of a thrashin with a blackthorn boggie.
Should aa this render ye *nubbie*
waunnert an unworldly person,
then maybe ye'd be inclined to blame
the *nitter* that is your greedy, impudent, withering dame
but although '*the peasantry are madly fond*
to have their great minds engaged'
he'd appear no more than
a *squeef* – '*a blackguard who rails against women*
but is fain to seduce them'
such dastardly deeds

cud ignite yer fiery temper
lik the *moshin-hole* o a gun's lichted touch paper
but defending her honour might bring you gain
in a *smeakin, the sweetest of all kisses,*
'the kiss one lover gives to another
when they are just (well) *all of a quiver'*
However faced with such temptation
as well to remember MacT's admonition
that *'He is no man I say*
Who triumphs over female fraility!'
So should bi chance, ye meet Mr MacTaggart on the road
my advice, body-swerve *wauchle* on forward
        afore he has a chance to *spraik* a word.

In A To'oer

Sheaved in
vert gris
coapper rust
green coloure
the library to'oer
abune
the cupola
wathered
whaurin
lurks
the monster
purpour een
bigger n
Liddel expandin
munchin
buiks
volumes
untimely ripped
frae spines
torn
quires quares
l'ather scratchings
ink-spots
bloatches
cast offs
phantoms

oh help
ma boab!
hear the scrape
o hairy feet
dingin doon
thon stair
mair trouble
beware bewalt
the monster
o the to'oer
at the double
anither yin
goan
gulp!

Liftin

thirs a kind
o quiet dignity
goin on
diggin
raws o spuds
upended
in the earth
eye-up supplicants
awaitin
    benedictus
the warmth o summer
banked up gaitherin
guilden sweat frae July weather
    uplifted
come forth Lazarus,
desiree:
red as apple-russet,
ye taste sae sweet
yellow-fleshed lover.

Maternity

*(owreset frae Cesare Pavese 'Motherhood'; edition
Einaudi Tascabili 1998)*

Three sons this man has: a big boned
body self-sufficient: watching him pass
you'd think his sons must be similar built
three young men sembling him could have sprung
unbidden frae their faithers arms
without a woman. But even wi three bodies
there's nae thing missing frae
the faithers limbs, the boys just unhooked themselves
and walkit alang aside him.

    The woman was real enough
Had a strong body, gave her blood to her brood and died
      from the third.
Strange for three young lads livin without a woman
they didnae ken, who gave all her being just fer them
eclipsed hersel within them. Then the woman was young
liked to laugh and talk but taking part in life
is a risky joke. That's how she went intae silence
starin bewildered at her man.

The three sons shrug their shoulders
in a way the man remembers. None
guess or ken that their eyes and body have a life
that in its time was brim full and satisfied the man.
But watchin one o the boys as he leans
and dives intae the river, the man nae langer feels
the flash of her limbs as the body hits the watter
and then the joy of their submerged bodies. He no longer
face to face lingers if he sees his sons in the street.
How lang syne his sons were born? Whae kens,
three young men arrogant now
one o them has already put one
up the spout without even baggin the woman.

The Giraffe

(frae Goliev)

Ah see the day yer lookin richt dun-in
yer airms clappit tae yer knees luik incredibly thin
Sae listen, ... far far away on the Lake o Chad
waunnert a beautiful giraffe

swivert wi grace and a gentle bliss
his hide was markit wi magical designs
which ainly the munelicht burstin upun
the waves o the wide, wet Lake o Chad cuid outshine

Frae afar he resembles the graceful sails o a colourful barque
his gait is lik the swift flight of a brace o swans
ah ken the Earth will get a pleasant surprise
when sunset descends in his marvelous eyes.

Yet how can ah enchant ye wi tales o mysterie
o a maiden fair an a young warriors fame
when we've too lang inhaled the smoor an the smog
sae ye huv nae belief in ocht but smotherin rain

how can ah tell ye o paradisical gairdens
O slender palms, heady scents, fruits ripe fer the pluckin
Is that you cryin? Here listen... dinae fash
far away oan magic Lake Chad glides a gentle giraffe.

Hideyoshi Replies

Biblioteca Marciana, an original letter frae Hideyoshi AD 1593
Tae guverner o the Phillipines yin Don Pasquale:
Guid man, honourable sir, ye've missed the mark
so here returned with celestial favour is ma reply
     conveyed in yer barque
The Gowden Hind
     this year *Anno Secondo* o the era *Bunroku*
Eleventh moon seventh day
     under heaven.
Yer guid faither Peter – born he informs us near Avila
– an unco civil learned chiel, educate at Salamanca
huz this day informs o the pact
twixt yersels an the catholic majesties o Spain yer neighbour.
Hear this barbarian *gai-jin*
yer grand dispositouns and overweaning ambituons
dividin the Warld accordin tae yer papal bull
yin half tae Spain t'other fer Poortugal
the natives hereaboots wur wonnerin
jist when yer armies gan tae enforce it,
or perhaps yer gowd and silver siller is commin
or maybe yer subtle friars are plottin sedition.
So tak yer treaty and in language maist diplomatic
ah'm shair ma messenger will fin out jist how to convey it
sae that thir caun be nae mistake
shuv yer paper up yer eirse
     – or wurds tae that effect.

Fear and tremble barbarian-governor
rest assured that when the time is ripe
ma Fleet will sail fer Manila
– and guarenteed mak nae mistake!
Yer concessiouns at Nagasaki are hereby cancelled!
Quit the country bag and baggage!
Take yer grey-cowled friars
dogs o heiven – cuid stir up the De'il in holy watter,
        and depart.
The penalty fer failure is simple
in accord wi yer devout Christian principles
your lord set yir example,
        – sic a cowards teachin
        saps our guid *Bushido* spirit
grown men turned tae lily-livered milk-sops.
Eneugh! Desist wi yer propaganda
depart now and never return
oor answer is simple
        Banzai!
        Crucifixion!

Hirada Kiemon oor messenger
    delivers this for our imperial person:
Tenshu ryoshu mizu no a fatsu
Seventh moon twenty-first day,
    tae hear and obey.
Fear and tremble at the true word
    of the Lord of Heaven
    the divine wind
Its comin
tae gaither up aa wir richtly due
tae oor tender bosom.

Joes Field

Whaur Joes Field wuz, the yin that hud donkeys, noo thurs flats
It wuz marsh yince: the burn run doon yin edge
whaur we fished fer tadpoles and sticky-backs;
noo aathings cheenged, gan unnergroond, much like the flats.
Whit ye dinnae see ahint the façade
best claumjamfrie o nineteen sieventy-five,
is aa the waa'd up desperation,
ahint waas sae thin ye cannae even bash yer heid agin.
Aye thon architect wun an award,
best use o tacky-back cardboard sin Adam wur alive
went oan tae dae bigger things: cam secund best in the
       parliament prize
– ye ken thon yin yon Morales wun,
noo the wanes run riot roon his 'designer concept'
tag the waas, very artistic,
the space age elevators become a cludgie
sure ye cannae miss the smell in the corridor.
The yairds a wreck o burnt oot cars.
Whits that ye say son
'a livin experiential paradim'
Naw its lik livin in a tin drum
that rattles yer wallies each time yer neighboor goes,
an as fer her next door
– aa fur coat and nae knickers,
well her man put a haun threw the bedroom door,
efter finnin the tally man divvin up mair thun he wuz supposed.

'Ye say its up fer preservation, an icon o design'
well Goad preserve us frae the cooncil,
the waas are dripping sae much mold they think
thur the rainforest ye see oan the telly,
sae fu o cauld spots mind, ye couldnae heat it wi a blaw-torch.
The youngest has got a cough each winter
the aul'est well her asthmas chronic.
So tell yer man tae stuff his award
whaur the sun doesnae shine
this isnae livvin son, its a crime
the third-world mun. Here whaur Joes field
yince wuz edged bi a burn, an the sun shone.
Noo its fu o donkeys o a different kind.

Kennin Einstein

(eifter Martynov)

Folk wi a broad intellectual horizon
can rackit roun the universe in th' space o' an hour
but if the feck o' folk cannae sort their Kant frae Comte
its cause maist hae nivir taken tent o' either philosphical gent.
Be that as may, Senga claimt she's wi Einstein weel aquaint
haein bumpit intae him oan the Byres Road back in the twenties.
Bi her way o it she was almaist faimly,
since it wusnae him as much as his guid-wife she kennt.
Presentit wi photgraphic evidence frae aboot yon time
Senga clappit haun tae mooth in great surprise,
'It cannae bi them, thir owre young' she cried.
'He was weel past it, wi wicht hair creed upun.'
'Someones shurely made some mishtake,
away yah bampot, yir huvin me oan.'

Puffin Billy

(Extract from 'The Blue in Green')

Trailing the street in the puffin wake of SteamBoat Billy
decked out in blue blazered holiday best
bumped up Admiral of the family fleet,
imaginary westerly swaying the mariner feet
to tack with the odd brisk stagger
from the Blue Bell here to the Jagger
snug, safe haven, ports fortified with strong Jamaica rum,
heavy beer taken in, and even *'a ginger for the bairn'*.
Piped aboard at each summer vacation
ready the assembled plastic fleet for inspection
– rearmament funded of old-pence pocket money,
the old salt's gruff approval
of all the canny combat cruisers
Devonshire, Exeter, Ajax, Achilles,
all OHMS chasing down *The battle of the River Plate*
– when everything including history was still in black and
    white,
stirred memories of Montevideo,
tending the donkey-engine of some rust bucket steamer.
'Chasin the Graf Spee were you papa?'
'Naw son, we'd mair sense wir tryin tae skedaddle
just as fast as oor buggerin auld boiler would rattle.
Out o the road o' those bloody big guns'
A survivors dislike for all bellicose tattle,
four times torpedeo'd mid-Atlantic

he knew a thing or more about survival,
subversive of authority bull
        more than like to get you killed,
– Sailed the Seven Seas of Empire,
could have taught a thing or two
        to Grantham's favourite daughter
about getting on your bike,
about fleet actions and getting sunk,
about what serves best in dirty backroom fights
about bold sea shanties saved for dark winter nights.

Tam Bides Hame

'if I had known tonight what I did see,
I'd have looked him in the eye
And turned him to a tree'

Saif in my ain hearth
cuddied up wi books n clutter
o rovin years accumulate debris
slipped intae lang anecdotage
ah drift an amuse masel
wi the odd blush o memorie
crystalite amongst clouds obscure
occludin yon Eildon Tree.

hoo mony year, nae maitter
ma true-tongues twisted, rackit
upun ma dried-up palette,
soor n' deef
lik auld claggit claret.

Nae clackin in Dantes sheaf
or rhythm in the buik o life
aas nocht but remember'd strife.
Sons waur'd n' departed
daughters danced n' mairit.
The auld banes craik even
at rememberin tae bow the knee
afore lang burit gentrie,
fech, thirs a-flutterin in th' gantrie
an abune a few slates short o a roof-tree.

A real fozent wench she wuz,
but owre fu' o' airs n' fairie graces,
green ee'd, loved tae dance
but maun ye'd scunner
tae think she'd the ainly pedigree derived frae France.

Lik maist thouchts noo, ower frenchified
pretensiouns like scansouns
monie the dosage o' ologie
infect professors lik pox set free
upun sinners short oan sense
ower lang in credultie;
what err the quacks may owre prescribe
amalgams nae critically sure salve
(*burns* yer cock, *resets* th' clock)

Yince all wuz metre, rythmn, sense o soun
enchantment bricht dirled sense roun.
Noo vers is libre-ated,
aspirated, ower strangulated
hic-hoc gilly-go performance
sud mak ye blush,
doon the cludgie,
its oan the cards, jist one last flush?

Ah who pu'd apples, frae true Adams tree
set soun resonatin in mony lang heids
had even the rif-raff tellin at their beads
raise yin last gless tae solemnlute ye
('*the tresors saif, the key nane but mine*')
thirs time yi'll huv guessed fer yin last rhyme.

As winter claws its mitts aroun ma hert
sweet leddy o' th' rose intercede oan ma behalf,
dear lord forgive this auld sinners sang
soun aa 'll be silent like yer graces first morn.

John Burns

JOHN BURNS teaches English and Tai Chi. He wis born and brocht up in Gallowa, and writes poetry and short stories in English and in Scots. His wark hus appeared in mony magazines and anthologies, and he is the author o *Celebration of the Light*, a study o the influence o Zen Buddhism in the novels o Neil Gunn.

Bricht In The Licht O Heaven

Bricht in the licht o heaven
Birds tummel an faa
Lik notes o gowd
Played on a harp o fire.

Abuin The Hill Fuits

(for Bill Findlay)

It's a stey brae
Abuin the hill fuits,
But frae the tap
Ye can see
The haill countrie
Spreid oot afore ye,
The douce wee touns
An aa the glisterin rocks
An heichts
O the faur north,
Afore the haill
Leamin warld
Blinters intae licht.

Scliffs O Licht

Scliffs o licht
glint
on the stane faces
o the hills abuin.
Owerheid
the muin grows pale.
A shootin star
faas
intae licht
and is gane.
The air is cauld
an still.
Saft rain
faas.
This is it.
Juist this.
Juist this.

Johnny Maxwell Dances

Under a blue Dabaittie muin
Johnny Maxwell dances.

Did I ken Johnny Maxwell?
Aye, I mind him weel.
He had awfy wee feet
And his brither could play
The mooth organ.
Wee Johnny went away
Tae Embra.

Away wi the fairies
Some folk thocht.
But wi his hands
He wrocht a warld
O birds an beasts an flooers
Tae gar us see
Oor warld again
An see it richt.
A warld o pain
An sweet pleisour
A warld o darkness
Burnin bright.

Under a blue Dabaittie muin
Johnny Maxwell dances,
His wee feet
Steppin oot the time
Gleg an shair
While a mooth organ plays
Bricht an braw
Then finds a sombre tune
Plays music sad an slaw
An Johnny Maxwell dances
Dances throu the night.

Frisco

and when ye lay
on yon dreid shore
under a hot turkish sky
did ye mind the rhonis hill
the quoitin green
an the women at the pump

parched under yon
bricht reid sun
did ye see the clere
watter run
an plash
lippin the white
enamel bucket
as she walkt
up the coogate
past the craigie stane

did ye mind the saft
wat splatt
o it
on the hard dry grunn
as ye lay there
burnin wi the heat
an the fear o it

did ye mind the boy
that 'went wi the horses'
tae america
tae frisco
whaur ye got yir name
the boy that sailed
the bonny boats
weel-rigged
tae flee oot ower
the feckless sea
that brocht ye back
tae anzac cove
this place o daith
for men an horses baith

ye maun hae felt the pain
o baith
as ye
lay there
wishin ye could bring tae them
the clear cool watter
o yir ain place
tae gie some comfort
wi yir horseman's hands
before they dee'd

at the pump
the watter runs still
but nae lassies
gether nou tae blether
as they fill their pails
wi watter clere an fresh
lik yon ye thocht on
under the turkish sun

The Boonds O Heaven

Yince in the mountains
I saw tracks, spoors, o the gods
Sae I thocht I wid spy on them
An climbed on an on
Abuin the trees, abuin the snaw, abuin the cloods,
Till I won richt throu
Tae the boonds o heaven,
Tae the schenan blue
Whaur bricht birds flew
An sang wi voices clere an true
Lik flutes.

The gods were gaithered roun a wee green loch
That glentit in the sun.
Sittin quate an still, their een steikit shut,
They made nae move nor soun
Till yin bi yin they rase
An begoud tae move, turnin an turnin
Tae aa the airts, their haunds movin gentlie
Wi the eident pooer an grace
That turns the haill warld,
While deep in the emerant loch
A bricht licht lowed wi sparks o fire.

I felt their braith enter my veins
An run lik liquid gowd throu aa my banes
Till I was filled wi licht.
I felt lik I could flee an spreid my airms
Lik yon mad Sweeney
An rase up intae the air
Whaur I could see spreid oot
The haill sufferin warld
An felt the brekkin o the hairt
When luve is lost.

Sae sherp the stang I gey near fell
But sensed the gods were near
An kent they'd let me feel sic pain
Sae I micht tak the path back doun
Tae the sturt an stour o life in my ain place
An ken the wecht o luve an grace.

The Licht Aye-Bidan

There's a licht
Aye-bidan
In the hairt
Forbye the dark
That happs us roun.
A licht that winna smoor
Or dee
But lowes mair shair
When maist ower-shadawed
By the dark.

Kensho

Licht
Sklinters
Frae wet blue slates.
Dark swallows
Flauchter
Throu
The emptiness o aa.

The Leafs Maun Faa

Saft i the dark
The leafs maun faa
Ootbye.
Inbye,
We tak tent o this wanchancy lowe
O luve that bleezes bricht
An strang
An gentlie warms
Oor nakit banes.
The leafs maun faa
As time gaes by.
Nor time nor dark
This luve will smoor.

Untitled

Singin lood
In the hairt
A bird o fire

Josie Neill

JOSEPHINE NEILL – an Ayrshire lassie born an bred, nou leeves in Dumfriesshire wi her faimily. Poems hae appeart in many anthologies an magazines; Keele University Publications, *Imago, Word on a Wing, With Both Feet Off The Ground, Solway Stills, Mr Burns For Supper, A Braw Brew, The Sound of our Voices, The Kist (an Chiste), Markings, Sunflowers, Lallans, and A Hantle o Verse* (publisht bi Museums of Scotland).

She hus won the Robert McLellan Tassie fir best short story in Scots, and a first prize in the Scottish Section o the Scottish International Open Poetry Competition. She hus alsae braidcast a series o dialogues in Scots fir BBC Radio Solway wi fellae makar Willie Neill.

Me An Katie Morrison

Whan the norlan win wis blaain
An snaa poudert aa the dykes
I gaed wi Katy Morrison
Black-heidit Katie Morrison
Tae veesit her aald-Mither *
On oor rickety big bikes.
Whan we cam tae Katy's granny's
An fund the door steikt ticht
We sclimmt up on the windae-sole
An keekt in et the licht
We chappit on the windae, an
The aald wife cam a-rinnin
She brocht us ben tae the roarin fire
Whaur a pot on the swee wis hingin
She gied us broth an buttert breid
For fear that we were boss
An row'd oor haunds wi her peenie roun
Till they were waarm as toast.

Afore we gaed she gied tae me
A tottie siller tassie
An said it wis a myndin
For a bonnie wee bit lassie

* The grandmither o a faimily wis aft-times kent as the 'aald mither'

She's deid an gane nou
Mony a year
But aye I keep yon fairin
An whan ah haud it in ma neive
Yince mair I'm juist a bairn
Rinnin barefuit on the hill
Amang the springy flooers;
Me an Katy Morrison,
Black-heidit Katy Morrison
Up an ower the heathery knowes
Thro simmer's gowden oors.

The Wattergaw

The rain cam ver near flat across the muir.
The burns were gurly wi broon watter.
Rash busses were drookit tae their ritts.
The kye stood huddl't in the glabber.

Hill burns in spate were reamin fou.
The Garpel boomed alang wi michty clatter
Past grey, wat sheep lik ancient staunin stanes
Till the hale warld ran wi watter.

Wee chitterin chuckies cairriet in the burn
Were washed up on the bankin, taen aback
Lik weans cast oot the wey while big folk bickert
While the storm gurled on an never seemt tae slack.

Then a wattergaw cam oot lik an emissary
Ca'in a truce an bearin in its bou
The colours o the muir in aa its glory,
Purple an violet, reid, an orange an blue.

The win deid doon, gey sair forfochan.
The squally shooers gied ower an stoppt at last.
The rain-washed hills held up their heids an winkit,
An tosst their purple shooders wi a lauch!

Heritage

Ae winter at mirk
The yett oot by steikit,
The wun in the lum,
The kitchen peat-reikit

We gethert aroun
In the firelicht's flame
An listent tae stories
O a faur, ancient hame.

Ma faither sang sangs
That lullt us tae sleep,
O seal-maids an kelpies
'at soomt in the deep.

He sang o great deeds
By giants o men.
Sang o wattercress burn,
Sang o mist-covert ben.

As the fire wis smoort
An the nicht drave awaa
We dreamt heroes' dreams
Til the mornin's cock craa.

Mullwharchar *

'We must reconcile ourselves to the stones,
Not the stones to us.'

HUGH MacDIARMID

A rummlin, getherin roar o pain
Echo't in yon lowin lums
Ablow man's unnerstaunin
Then out the warld's yirdy wame
I wis born... o fire.
E'en Naitur's spaewifes
Mune an Tide
Gat tummelt on their hurdies
Et ma comin.
Dumfounert they watch't, slack-gabbed
As I wis thrist frae out the molten fire
O Earth's great belly,
Thrist birth-fire flecked
Intil the caald air
'at Man breathes.

---

* written when it wis proposed tae bury radioactive nuclear waste in
  the Gallowa hills

Man! I cudnae gree masel tae him at aa
Nor thole his pauchtiness.
Wee, shilpit cratur, movin like a geluk
On the Earth's scruif,
Separate, lows't...,
No ruitit like me
Intil the Earth's great core.

Mony's the time I hae turn't
Ma bleak luik on him
No fashin masel whither
He surviv't or no.

Syne, concait cool't.
I taen tent o this unco body;
Saw hou he cam intil the hills
Liftin his een,
Heard him pechin, hirstlin in his throat
Agin the bitin win
Tae sclimm at last
On tae ma big shouthers.

Then, I mynd it fine,...
It seem't that kennin pass't atween us twa
I sensit his fire, his pain, his saul's hankerin
Tae soar.

Sae mov't wis I on that dear day
That tears cam spurtin frae ma een
Tae rin in ruefu efterstang
Like a tummlin burn.

That wis mony a lang whyle syne!
But I'm aye weel content.
MAN an HILL, we need each ither.
We're reconcil't
An he'll no play me fause.

Mairi Stuart

Intil the caald wab o Scotland's dreichest winter
Cam a bonny lass 'at had linkit out, wi'out a care, in her saft
    shuin
On the plainstanes o flouery France.

They loued her there; lauched et her wit; respeckit her keen
    mense,
Admir't her brent white brou; her wycelike weys.
Her mither's brither, the Duc de Guise, aince scrievit o her,
'La petite Reine Ecossaise est la plus belle enfante!'

In this dour norlan kintra, lassie, ye're seen as wanchancy.
Aye, dinnae lauch!
Your braw face will dae naethin for ye here!
Ye'll hae muckle tae thole on account o it,
Suin regaird it as a burden.

Sae tak tent lassie, ...dae ye hear me!
Dinnae birl about sae cantily, nor lauch sae readily.
Pu a lang face. Grow wyce...an canny.
An heivens, ... haud yer wheest whyles!
Hap yersel up in oo o waarmest grey
An weir a huid ower that gowden hair.
THIS HOWE – O – THE – WINTER 'AT GRUPS US
WILL NO JUIST WEIR AWA COME SPRING.

Orra Tink

An orra tink, wi his weskit loused
Cam stravaigin by, in the efternune,
Past the pump on the green

An he ogl't the wife
Wi the three braw bairns
An the handsome lass
Wi the brent white airms,
The twaa douce quines
Fae the hoose on the hill
An Mrs MacGillivray
Up fae the mill,
The Weedae Macphee
In her trig black claes,
Tib Tate's guid-dochter –
Fae her heid tae her taes,
The Logie sisters,
Yin reid, yin fair
An Phemie Robb
Wi her lang black hair.

But the day shift lowsed,
Ah'm sweirt tae say,
An puit buits rang
On the stoorie brae.
The haill o the weemen
Turn't indignant then
At the orra loon
An in front o their men
They gied him a tonguing
Tae settle his hash
An they drave him awa
Fur his furritsome snash

That nicht, Phemie Robb
Wi the lang, black hair
Tippie-taed ben the hoose
An doon the stair.

She ran awa
Wi the orra loon
Wi the lauchin een
Tae anither toon.
Fowk say, noo an then,
That a handsome pair
Wi the bluest een
An jet black hair
Come ridin in
On mercat days
Wi gowden rings
An the brawest claes.

They say it's Phem Robb
An the orra tink
An they're aa at a loss
At whit tae think.
Some say that the loon
Wis a high-born chiel
Wi the wit tae win throu
An pruive tae hissel
He cud get him a lass
Wi een richt clear
Wha wad loe his ain sel
An no his gear,
Wha wud run awa
On a simmer's nicht
Wi an orra tink
Whan the mune wis bricht.

Tibbie Logie

Tib Logie steyed up the aald dyke side,
Wi her brithers an her mither,
On Wansdays they cam wi thair cairt,
Intae the toun thegither.

The men bocht graith an grain an flour,
The mither, maet for Sunday,
But Tib luiked lang et the muslin froak,
In Jenny Murdoch's windae.

Come oan nou Tib, her brithers cried,
Come oan nou, cried her minny,
Sae, laith, Tib sclimt on the shooglie cairt,
Tae gang hame tae Auchenbinnie.

June cam in wi gowans white,
The fields were fou o flooers,
Young Tib ran barefuit on the hill,
Throu simmer's gowden ours.

The back-en chynged the wuids tae flame,
The purple slaes were lowan,
In aa the hedges by the road,
Reid itchycoos were growan.

An aa throu januar, the storm,
Rairt wild an sair bi turn,
Breid wis scant an yeast an milk,
An Tib grew thin an wan.

Then spring fell tae wi grasses green,
The sun cam back again,
But aa too late, for sad tae say,
The bonny quine wis gane.

They pit her in the best they had,
Her mither's tears were bitter,
'Ma bonny Tib in ma waddin froak,
I never thocht t'wad fit her.'

On simmer nichts at gloamin time,
An mony's the ane has seen her,
A bonny lass in a saft white goun,
Gaes by on the brae at eenin.

Her hair is lint on the muiveless air,
Her fuit faas quait as ony,
They say, an nae mistake avaa,
It's shairly Tibbie Logie.

A Christmas Poem

A caald winter's nicht.
Starn heich in the lift.
A lass wi a bairnie
Ahint a snaa drift.

'Come in through the byre,
Step ower the straw,
Draw ben tae the fire
Afore the day daw.

The bairnie will sleep
By the peat's puttrin flame,
Oor waarmin place, lassie,
This nicht is your hame.'

Come mornin the snaa
Shawed nae fuitprints at aa,
Tho the lass wi the bairnie
Had slippit awaa.

An we myndit anither
A lang whyle afore
Wi a bairn in her airms
An the beasts roon the door.

Lament For MacDiarmid

Ae wat nicht
Near gaun oan twal
Ye got slippit awaa
Yersel.

I ken fine
Ye'd be sweirt tae gang
Roun yon dark knowe
Yer lane.

But ye're there nou
In some bieldy place
An we aa here
Oor herts sair
In the smaa rain.

Makars Warslin

Twaa concaity makars
Argie bargie-in
Aboot ae word
In a raw o screivin.

Ma taes are curlin
In ma shuin
Wi glee,
For ony meenit
Ane'll rax
The ither
A verbal daud
Across the mou.

Hugh Bryden

HUGH BRYDEN wis born in Dumfries and warkt as an art teacher in Dumfries and Gallowa fir 30 years. As a Printmaker he hus exhibited faur an wide in national and international exhibitions. He hus regularly collaborated wi ither writers. In 1991 he formed Cacafuego Press wi the makar Tom Pow and stairtit his ain imprint Roncadora Press in 2005.

He began writin when he jyned Dumfries Writers in September 2004 and hus hud poems published in *Lallans*, *The Eildon Tree* and *Markings*.

Balloon

Ma faither
seldom wasted breath,
he spoke an folk listened.
So whin he blew up a balloon,
Ah imagined the words caught inside.
He loved balloons – a rub through his hair
an he'd leave it hingin fae the wa. We'd bat yin
roun the room til we wur baith knackered. Ah kin
still taste the anticipation o him blowin wan up – takin
it dangerously close tae burstin, his eyes widenin wi
its girth. That membrane, brimming fu o wondrous
words, expanded wi laughter, wis a powerful thing.
A pear-shaped echoing drum. Burst bi the fire the
contents flew, delight released aroun the hoose.
Breath inside a man kin dae mony things,
preach a sermon, heave a sigh,
curse a neighbour, tell a lie.
But whit simple joy
tae jist inflate
a bairn's
toy.

Chappin Chairlie?

Gie thum a shuffle
fingers swirlin
rattlin bones
chatterin jaws
Dons o the doms
choose thir haund

The fower's a two
clatterin louder
an louder
layin lines
number upon
number

C'mon yir chappin
Stalemated
faces glazed
wi coontin
the spots but
no the pints

Fags

The wans Ah hated maist
used tae haud the fag awa frae
the fowk in thir company
so's they didny get the reek
an let it glide richt up your beak
Thet wis yir *considerate smoker*

Then thur wis th amatuers
the pinkie in th air posers
they bocht a thae silly fags
the long thin yins, the
mental menthol jobs
Ah cried thaem *part time puffers*

Ah coud tolerate the auld guys
too late tae chinge thir wuys
an they did it wi an honesty
an style born oot o familiarity
– the finger an thumb pinchers
wi yellay palms *the dyin breed*

But noo thit's aa gone
an wir able tae hae a pint
wioot a kipperin forebye
But thur's those think fowk
should hiv a fag wi thur drink
If asked Ah jist say *Nae dowts*

His Faither's Voice

Ah woke huntin fur ma deid faither's
voice, siftin ma mind's sound files

Ah could see him clearly, smile
tugged squint bi a cigarette

felt ma bairn's face flinch
frae his stubble embrace

smelt the oil thick tobacco
slick o his workshop

tasted his salty porridge
texture tied aroon ma tongue.

Still Ah couldny find the sound o him
Fa'in back tae slumber tho, Ah heard

Boy, is it no aboot time you wir getting up?

Chipshop Checkmate

Single sausage, Great mate
Pit it oan ma slate mate
Yous workin late mate
Ah kid wait mate
Aye, like a date mate
Tête-à-tête mate
Mibbys we could mate mate

Well, Ah already ate mate
Wadja mean cheapskate mate
Howdya mean irritate mate
Nae need tae castigate mate
yous dinny appreciate mate
Ah'm desolate mate
Gottae gan it's late mate

Metaphor?

Hiv we met afore?
Aye, ye wur a shinin knight.
Is thet rhyming slang?
Naw, ye wur a giant amang men.
Wabit wee me? Yir wrang.
Ye wur the blazin light.
Me? Ur ye shore?
Ye wur a stallion then.
Yir haverin noo.

Och, yir richt, it wisny you!

Cryin In Ma Beer

'Yer coat's wringin Shug'
said Boab the borin barman
Maister o the obvious
Ah thocht shakin the rain oot ma ear
and throen hum a look.

Ah wunnerd oer ma pint,
whur ye wur noo, whit ye wur daen.
Yed gaed frae me wi barely a wurd.
Jist a wee soun o yer voice
widda helpt.

Walkin fae the station in the pourin rain
hid settled me a bit,
hid the wee tear in the ee onywuy.
An the second pint wiz hittin a spot
but still a misst ye.

Makin tae mak ma wiy hame
Ah keeked at the mobile
winkin red fur a misst call
an on the voicemale heard ye say
'Jist wantit tae hear yer voice Da.'

Callin back, nae answer, Ah thocht
Noo, hoo did Ah miss that
miss the virry thing Ah craved?
– The phone wuz in the hung-up coat
An Ah herd again Boab sayn
'Yer coat's ringin Shug'.

Shaving

It's ma faither in the mornin' greets mi
Razor in hand wi a smile he meets mi
An ah mind whin as a wee laddie there
Ah watcht him scrapin awa the hair
Mirrored the faces that he pu'ed
Learnt the skin-taut flexin move
Longed fur the day whin Ah would
Shave masel jist as smooth

Ma Faither watcht me draw first blood
cutting the ties o' childhood
Noo it's the act that ties us the gither
Faither an' son reflecting each ither
in the actions of a daily chore
that each day draws us present an' past
closer, tighter – and more –
tae be the same face in the glass.

If Ah Could Talk Tae The Airtists

'Ere Vincent,
there youse were, luggin canvases
aboot the countryside,
lobbin paint on tae thum.
Ah could wax lyrical aboot yer talent,
beat the drum, blow yer trumpet,
pinna medal on ye.
Yet, maist fowk ken ye fur jist wan thing,
an Ah widnae lower the conversation
bi mentioning that cartilaginous portion
– or lack o it.
– at least no in earshot!

Pablo Picasso, a word in your eye.
If ye could see the state o BritArt,
yer nose wid be richt oot o place.
Pickled coos, in unmade beds,
an thet's jist the hef o it.
Ah'm no jokin, thon urinal o Marcel's
opent the floodgates,
the stuff's everywhere.
The market's Saatchi rated.

Salvador Dali, whit a wally.
Jist a look at yir tash,
the soun o' yir snash,
Ah kent ye wir a weirdo.
Tho ye paint like a master,
yir a mental disaster.
Yir flash technique,
disguises a geek,
thit's totally doolally.

What's the crack, Georges Braque,
Ye multifaceted man?
Those thit never, valued ye ever,
cannae hiv seen the sides Ah can.

Egon Schiele, Ah get a feel a,
unease in ma hert.
Whin Ah keek at, aa the geeks that,
populate yer art.

Ca canny, Edouard Manet,
wi yer luncheons in the grass.
Alfresco dinin's great, but face it mate,
thit wee lass wull freeze hur arse.

See that Mary Cassat,
she kin set a scene.
A lassie an mither, sittin the gither,
alive afore yer een.

Simplest things gien wings,
an transformed intae airt.
She kin render, things sae tender,
it captivates yir hairt.

Gowan yirsel, John Cotman.
The watercolour poet.
Reflected brig an aqueducts
were how ye chose tae show it,
but abstraction thit constructs,
its ain shapes an form,
wis what ye were creatin,
whin realism was the norm.

Joseph Mallord William Turner,
lashed tae the *Ariel* mast, ye saw the way,
tae turn the amorphous pantheism o the day,
intae an art much firmer.

Ye painted the air, the wind, the storm,
as a metaphor for a poor man's strife.
Wi swirlin paint ye described a life,
turned innermost feelings intae form.

Jan van Eyck, thet's whit Ah like,
thon detail is impeccable.
The craft is there, in the wee dug's hair,
the fur feel is remarkable.

Tae paint it thus, convinces us,
it must be real an true.
Yir true skill, is tae instil,
mystery intae the view.

A man an wife, lay bare thur life,
fur the penter's probin ee.
But ye see mair, thin whit is there,
and invent whit canna be.

Caravaggio, ye wir a radgio,
murderin folks at tennis.
Wi light and shade, yir name ye made,
but ye wir aye a menace

What a fellay, Botticelli,
wi yer Allegorical patter.
Ye niver can tell, whun a wummin in a shell
will rise oot o the watter.

Ye'll hae a laff, think Ah'm daft
Wi ma symbol fur perfection
But a lassie aboard a pie, like manna fae the sky
Wid be ma ideal selection

Oan ye gan, Rembrandt van
Ah luv yer chiaroscuro.
Thon drypoint line is just divine,
yer vision is so pure o.

In Amsterdam, the folks aa cam,
tae see the Night Watch troop.
They stood in awe, tae see them aa,
arranged in sic a group.

Yer hoose is there, yer life laid bare,
showin fate's impact.
Yer fa frae grace, yer loss o face,
but still yer Art intact.

Wee Titus awa, Saskia anaw.
yer heart broke like a stane.
Still ye drew, with vision true,
ye painted through the pain.

Whit a man, Rembrandt van,
yer achievement is sublime.
Pit to the test, ye were the best,
Rembrandt van Rijn.

It wuz a sair fecht, Albrecht,
the renaissance spent up north.
Nae southern sun, Italian fun,
ye must hae felt the poorer.
But fir woodcut flair an drawin worth,
they couldnae touch ye Durer.

Alan Davie, Ah think thit maybe,
fur me yur aboon thum aw.
A truly creative, Scots native,
total cracker, Magic makker

Yer pure electric, a glidin eclectic,
wi freedom in yer paint.
Ithers might, visually excite,
You whereas, jist paint pure jazz.

Rolf Harris, you embarris,
airtists aa the time.
Brand new mannies, an wet eyed grannies,
think yer just sublime

Oan the telly, you're the fellay
Wi yer specs an smile
Yer wee goatie, won't rock the boatie,
jist entertain the while

A bit o gloss, as ye toss,
a glib wee fact or two.
Cheeky Aussie chappie, keeps the punters happy,
while dumbin doon the noo.

Ye wir busy, paintin Lizzie,
in her finerie.
Colonial jesters, an dodgy airt maisters,
aye pleased that family.

Damien Hirst, ye mist be the worst,
but mibbe no, Tracy's show,
the bed, no the tent,
wis affy coorse.
So whit's it aa meant,
the Saatchi lies, the Turner Prize,
it's aa bin cursed, the bubble's burst.

John Manson

JOHN MANSON wis born and grew up in Caithness but syne then he hus leeved and warkt in sindrie pairts o Scotland includin the last 33 years in the Stewartry. He hus written in and translated intae Scots and English. Twa Scots pamphlets hae bin published bi *Markings*, while his English translation frae French o twa warks bi Victor Serge hus appeared oan websites. He co-edited the first MacDiarmid Penguin (1970) and alsae the rediscovered poems (2003); and hus contributed ower 40 essays and articles oan MacDiarmid and ither Scottish authors tae Scottish magazines.

Toun Graveyaird

'Toun Graveyaird' is a translation of 'Cementerio de la ciudad' by Luis Cernuda (1902–63) who taught at the University of Glasgow from 1939 to 1943.

Behint the grid o railins, within the waas,
The black yirth wi nae trees and nae gress,
Wi wuiden binks whaur a fyow auld fowk
Sit aa efternune without sayan a wurd.
The houses ir round about and the shops ir near at haun.
The bairns play in the causeys and the trains rin
Alangside the gravestanes. It's a puir bit.

Lek patches on the grey hous frunts,
Clouts weet wi rain hing in the windaes.
The wordin haes alreddy worn aff thae gravestanes
In memorie o the deid o twa hunder year,
Wha hae nae friens til forget them, the hidden deid.
Bit whan the sun shines some days coman on fur June,
The auld banes maun feel somethin doun there.

No a leaf nor a burd. Naethin bit stane. Yirth.
Is Hell lek this? Here is pain wi nae forgettan,
Row and wratchedness, penitrive, wanlos cauld.
Here the deid ir no left in pais
For life is aye on the go amang thae graves
Lek a hure speiran fur tred under the unmovan nicht.

Whan the sheddas faa frae the cloudit lift
And the factory smock comes doun as grey stour,
Vyces come frae the door o the pub,
And than a passan train cranks its lang echoes
Lek a wild trumpat.

It's no the Day o Jeedgement yit, ye deid without name.
Bae quaet and sleep, sleep gin ye can.
Mebbe Gode's forgettan ye tae.

yirth, earth; binks, benches; fyow, few; causeys, streets; penitrive,
piercing; wanlos, hopeless.

Soun

'Soun' is a translation of 'Profundamente' by Manuel
Bandeira (1886–1968)

Whan I gaed asleep yestreen
On Sanct John's Nicht
There wis merrynes and newsan
Rushes o firewurks Bengal lichts
Vyces sangs and laachan
Aroun the lichted bonfires.
I waukened in the middle of the nicht
I heerd nae mair vyces nor laachan
Anerlie balloons
Gaed waanderan by
Withouten a soun
Anerlie frae time til time
The whir o a tram
Bruik the silence
Lek a tunnel.
Whaur wir thae wha nae lang syne
Wir dancan
Singan
An lauchan
Aroun the lichted bonfires?

...

– They wir aa sleepan
Aa lyan doun
Sleepan
Soun.

...

Whan I wis sax year auld
I couldna see the end of Sanct John's Nicht merrynes
For I gaed asleep
The day I cannae hear the vyces o thon time ony mair
Ma granmither
Ma granfaither
Totonia Rodrigues
Tomasia
Rosa
Whaur ir they aa?

– They ir aa sleepan
Aa lyan doun
Sleepan
Soun.

soun (title, ll. 24,38), soundly; yestreen, yesterday evening; anerlie, only; soun (l. 11), sound; bruik, broke.

Auld Notes

Auld notes
I've fund ye agane
Made bi a loun
Whan a lassie cam til see him

And ye've lain throu the year
And traivelled throu the land
In the pages o a buik
I wis readan at the time

The feelins ir the same
Nae mair mature
Tho I'm mair mature

* * *

The third nicht
As we stude
In the lee
O the skroo
I pu'd ye out
In frunt o me

Syne a nakit lass
In the len-tee
A nakit lass
In the ben-end

Bit wis this no
Owre eisy?
Wir we in luve?
'Let's not bother
About semantics'
Ye said

I didna ken
I lat ye gang
Ye ne'er cam back

Bit did ye e'er gang?
Til me – no
Til ye – ye maun hae dune
Did ye?

loun, lad; skroo, cornstack; len-tee, lean-to; ben-end, best room

1903

frae the Greek o Constantin Cavafy (1863–1933)

I canna find them agane; I've tint them,
sae fast, the een – this karm – and the fais,
chaak-white, in the daurkness o the street...
I canna find them agane; I haed them,
bi guid luck, syne lat them slip throu ma fingers;
syne luikit fur them agane, murnan at masel.
The een – this karm – the fais, chaak-white,
and the lips, I canna find them agane.

tint, lost; karm, charm; murnan, showing resentment

Gell

The gell splet the skroo
On its steddle
On the heicht
O the brae

Tirlan owre yella strae
Eftir yella strae
Abune the broon strumps
Net lowsed
Frae its nievefus o rips

We held on
Braithless
Wurds swupped
Oot o wir mouths

A tant nicht

gell, gale; steddle, foundation; tirlan, flicking; strumps, ends of stalks; lowsed, loosened; nievefus o rips, fistfuls of stalks; swupped, swept; tant, gusty

Loddan Neeps

eftir the photie, 'Among the Turnips'
bi Frank Meadow Sutcliffe, Whitby

Torsos o neeps beheided bi the docker
Lig in twa strecht raws
Hinted in frae ither dreels
Box-cairt in bitween
Shale-wings up

Twa horses pu'd up
Ane in the shafts
Ane in side-rips aheid
Aa in sepia sheda

Pints o hems
Pints o lugs

loddan neeps, loading turnips; docker, cutter; lig, lie; raws, rows; hint-
ed, thrown; dreels, drills; shale-wings, shelves which fitted into metal
sockets on the sides of the box-cart; side-rips, small chains or side
ropes; pints o hems, points of the two metal bars which go along the
edges of the collar; pints o lugs, points of ears

Pleuan

The pair snarl and pull
Faem flies aff the bits
The maas cut it fine
And settle in behind
The coulter tears
Siller gress and stibble
And the shinin soc scrapes
Owre stons and worms
The moulboord slicks the cley
The stilts haul the man
Reins wipped round his wrists
He stamps doun the fur
Wi his richt fuit as he gangs

pleuan, ploughing; faem, foam; maas, gulls; siller, silver; soc, ploughshare; moulboord, mouldboard; stilts, plough handles; fur, furrow

The Stirk

Aince I sat
On a stirk's heid
And if I hadna
Anither wu'd

Wippled wi rope
He'd been thrown
Re-clamsed
At a year auld

Cords crushed
Throu skin and vein
Cords crushed
Throu flesh and bluid

For days eftir
He stude in his sta
Black bag swelled
Lek a weet battery

re-clamsed, re-use of clamp for crushing testicle cords

Reidmasach

mindan ma mither

Aff the evenin train
Hotteran awa at Rogart station

I c'ud see the teeter
Bobban doun the brae

Coman near the gate
We swapped shouts
I expect ye'd heerd ma feet

Sae we wir meetan agane
Coman on the past
Lek a bundle o auld letters

A green year
The beas still out
Snortan and chowan
Blown owre the back
Rivan rank gress
Lyan pu'd up bi the ruits
In the munelicht
Bitween the gavel end
And the barn

mindan, remembering; teeter, hand-held cycle lamp; rivan, tearing;
gavel, gable

San Martino Del Carso

frae the Italian o Giuseppe Ungaretti (1888–1970)

O thae houses
naethin bides
bit a fyow
sherds o waa

O sae mony
wha wir dere til me
naethin bides
no evin that

Bit in ma hert
I'm no short o a corss

an ma hert is
the maist tormentit tounship

fyow, few

Deid O Nicht

frae the Portuguese o Manuel Bandeira (1886–1968)

Deid o nicht.
Nixt the lamp post
The puddocks ir gwickan watter-flees.

Naebodie on the rod outby.
Nae a drunk man evin.

Yet siccarlie a passage o sheddas.
Sheddas o aa wha hae been abraid.
Some livan yit and some deid alreddy.

The sheuch gangs bliban and plipan.
The soun o the nicht ...

(No o this nicht, bit a langer nicht.)

puddocks ir gwickan, frogs are swallowing; rod outby, road outside; sheuch, drain

Bleck Stane On Tap O A White Stane

Ah sall dee in Paris in rashan rain,
On a day Ah can mind ivinoo.
Ah sall dee in Paris – and Ah'm no rinnan
Mebbe on a Fuirsday, lek the day, in the backend.

Fuirsday, for the day, Fuirsday, whan Ah pit doun
Thae lines, the banes o ma airms ir bad,
And niver bifore, in aa ma rod,
Hae Ah turnit roun til see masel alane.

Cesar Vallejo is deid; they aa yuised til haimmer him
Though he daes naethin til thaim;
They haimmerit him haurd wi a stab

And haurd wi a rop; his witnessmen
The Fuirsdays and the banes o his airms,
The laneliness, the rain, the rods ...

Owreset frae the Spainish o Cesar Vallejo (1892–1938). Bifore he cam til
Paris in July 1923 Vallejo haed a premonition that he wad dee there on a
Fuirsday. Houaniver, he deed on Guid Friday.

Willie Neill

WILLIE NEILL wis born in Prestwick, Ayrshire. Eftir a wheen years in the RAF he studied at Edinburgh University. He writes in the three leids o Scotland; Englis, Scots an Gaelic. A *'learned'* Gaelic speiker, he hus bin crowned Bard at the Gaelic Mod fir his poetry. Afore retiring he wis fir mony years a teacher at Castle Douglas High School. His wark hus bin widely anthologised an his *Selected Poems* wis publisht bi Canongate Books (1994).

The Auld Grunn

They laucht whan I cam back tae the auld grunn;
watchan the dominie scart in the wersh yird,
heisan the slabs back on the cowped dykes,
makkin a bing o stanes ayont the heid-rigg.

They said: ye'll haurdly grow eneuch fir ane;
ye's get nae siller howkan yir guts oot there;
why sud a man o education try
tae wring his keep oot o yon histy grunn?

Settan lik lairds oan their fancy new machines,
mitherless dreggans breathan the reek o hell,
they keekt et me asklent, girnan tae ane anither
as if I'd taen ma lang daurg-days frae thaim.

But ma ain kin wrocht here, afore they left
the lane broon mosses fir the dowie touns:
this yird wes treisure tae me and its paibles gems,
thir drystane dykes ma castle's curtain wa.

Nou they play lounfu tricks when the daurk hides thaim,
they pit their bairns tae skreichan, cowp my dykes,
they thraw the seeds of dockens in ma corn.
But I hae stellt ma feet, and staun firm till Idee.

grunn, ground; dominie, schoolmaster; howkan, digging; histy, barren; daurg-days, workdays wrocht; worked, mosses; moorlands, yird; earth, lounfou; lubberly, stellt: braced.

Drumbarchan Mains

There's monie a nicht I sate in the ingle-neuk
up et Drumbarchan whan I'd taen ma fee,
the rettlin wunnocks jinin in the crack...
ye cud hae yir telly onie day fur me.

Tae faa asleep in yon bothie, bien and quait
binna the auld meer champin her yeukie heels.
I needit nae het hap tae warm ma feet
nor peels fur a lown belly eftir meals.

Nou there's nae horse tae be fund aboot the ferm
but a muckle rid tractor ahint the stable door
syne auld-sons frae their faithers needna learn
tae ken the fur-ahint frae the lan-afore.

Yince I gaed back tae tak a letter there;
the wife hersel wes loupan roon in breeks...
no dungarees, ye ken, but velvet claith...
her dowp wes gey near burstin thro the steeks.

The youngsters tell me that I'm no jist wice,
tae girn at progress, but there's ae thing plain:
Drumbarchan...Goad! I dinna ken the place...
hell mend me gin I gang yon gate again.

taen ma fee, been hired; rettlin wunnocks, rattling windows; jinin in
the crack, joining in the talk; bien an quait: binna, except; meer, mare.

het hap, heated blanket; comfortable and quiet.

yeukie, itchy; peels, pills; fur-ahint, lan-afore; positions of horses in yoke, yince, once; steeks, stitches; loupan, jumping; dowp, backside; auld-son, eldest son.

wice, wise (rhymes with 'dice'); girn, complain; ae, one ('yay'); gin, if (hard 'g'). gang yon gate, Go that way.

Kailyard and After

Whan I wes wee I hud tae dae ma share
mulkan the kye wi the weemin in the byre;
I mind hou I wad scoosh lang streeman jaups
that loupit in the luggie makkin froth
rise oot frae yon rich deeps.

The douce kye skelpit roon thaim wi their tails
tae dicht the flees aff: whiles they'd cotch yir lug
a fair bit ding: ye'd sweir ablo yir braith.
An whiles the wilder yins wad try tae pit
their fit intil the luggie and caa ye oot
on tae the settles, luggie, stuil an aa...
an gin ye didna set in ticht eneuch
there ye wad be, rubbin a sair hainch
a loch o mulk aboot ye in the grup,
the auld dug barkan and the weemin lauchan.
tae see yir breeks aa smoort wi mulk and sharn.

Man, whit a contrast tae ma life-style nou...
nae dungarees, nae luggie and nae kye.

Escape to the tailored suit,
the pan-loaf speech,
the benefits of higher education,
the dull rewards of strict conformity.

O what a fall was there, my countrymen.

scoosh, squirt; jaups, heavy drops; loupit, leapt; luggie, a milking pail; douce, easy-going; skelpit, smacked; lug, ear; caa, propel; hainch, haunch; grup, dung-channel; sharn, cow-dung; kye, cows.

First Keek At A Corp

I mind the sicht o the auld wife's face begrutten
et Big Wull's daith an ma faither gane frae hame,
an me the bairn wha hud the deid man's name.
Come ben, they said, *come ben afore he's pitten
in his lang hame, come ben nou whan ye're bidden
ti pey yir lest respecks; he lukks the same
as aye he did.* The coffin like a frame
limned oot the corp, aw in the linins hidden.

But no the face. Twesna the man I kent,
weel loed bi bairns an dugs, an auld yins tae.
Ma tears cam no for this but the myndit man.

No this auld menseless corp, cauld, wan an spent,
shuin ti be yirdit in its mither clay.
I wesna muckle fasht whaur yon wes gaun.

*ben, inside; lang hame, grave; menseless, senseless; yirdit, buried; muckle
fasht, greatly worried.*

Hielant John 1930

He mairched aboot the gitters o ma bairnheid
three medals on his breist an the pipes soundin
faur, faur frae Wipers an the bluidy Somme
in this laund fit for heroes tae stairve in.

I couldna pass him on a Setterday,
athoot gien up ma hard-wan penny;
ye're daft, said ma auld-mither,
he'll spenn it on the drink.
But I couldna jist gae bye him.

Yince, pipes ablo his oxter
he heard the rettle
o my aums in his tinnie.

He cried oat eftir me
ither an aith or a blissin.
Ma tackets duntit the causey as I ran
awa, awa frae a kennawhat in his een.

*gitters, gutters; bairnheid, childhood; auld-mither, grandmother; yince,
once; oxter, armpit; aums, alms; tinnie, tin cup; ither, either; aith, oath;
causey, pavement; kennawhat, something indescribable; een, eyes.*

Fitsides Wi A Prood Hizzie

(Horace 1.25)

The dure that swung wi guidwull on its hinges
is no sae thrang the day as it wes then,
whan ilka callant rettled on yer wunnock
wi chuckie stanes tae gar ye cry thaim ben.

D'ye mind hou yince thay tirlit on yer door-sneck
the guid auld days whan ye'd hear the halflin cry:
Haw Libbie, hinnie, wad ye hae me stivven
while ye ligg sleepin on yer ain inbye?

Ye'll shuin be lichtlied by thir hornie laudies:
ye'll greet yir lane doun a tuim an clartie close,
the wund o a mirk nicht skreichin frae the hielants...
nae mune tae licht yet chaumer, cauld an boss.

Juist lik an auld mear mindan on the couser
freitin an keistie, liggin on yir ain...
yir breist will lowe wi the stangs o luve rejeckit
an nae braw jo near haund tae smoor the pain,

Syne ken the callants wad raither the green ivy,
or the braw leaves growin daurk on the myrtle shaw;
auld crynit brainches they gie tae the wund's pleisure,
grey winter's gemm, an watch thaim flee awa.

Fitsides, get even with; thrang, busy; callant, youth; stivven, to have an erection; lichtlied, treated with contempt; tuim, empty; boss, hollow; couser, travelling stallion; keistie, randy; crynit, withered.

A Faur Cry Frae Auchinleck

Tae be a Scot yung Jamie Bos'll thocht
a wee thing waur nor yon auld het affliction
that smit him later frae a warm addiction
tae leddies coortit whan in drink, or bocht.
In London toun nae maitter hou he wrocht
he fund that Scotchness wes a sair constriction,
sae twustit aw his mainners an his diction
tae get Auld Sammie's saicrets in his aucht.

The Doctor's Messan set a Scottish paitren
tae mak oor hoggs thair Scottish lugmairks tine.
For speakin Scots wee duddie bairns are skelpit.

An nou in sudron twangs ye'll hear thaim rettlin...
the heirs of Jamie Bos'll's social line,
wha say: *I'm Scottish but I cannot help it.*

het, hot; smit, infected; wrocht, worked; in his aucht, into his possession; hoggs, sheep; lugmairks, earmarks; tine, lose; duddie bairns, scruffy children; skelpit, smacked; sudron twangs, southern accents (English).

Seasons

Skeich wes the hert i the spring o the year
whan the weel-sawn yird begoud tae steer
an the plewlan's promise gleddened the ee
atween Balgerran an Balmaghie.

The lang het simmer cam an rowed
the haill Glenkens in a glent o gowd
an the gangan fit on the hill gaed free
atween Balgerran an Balmaghie.

Hairst an the cornriggs flisked i the wun
like a rinnan sea i the southan sun;
then ilka meeda peyed its fee
atween Balgerran an Balmaghie.

Nou the lang year's dune, an the druim grows stey
an the snaa liggs caal ower Cairnsmore wey;
the crannreuch's lyart on ilka tree
atween Balgerran an Balmaghie.

Skeich, skittish; weel-sawn, well-sown; yird, earth; begoud, began; het,
hot; rowed, (rhymes with 'cloud') rolled; wrapped up, gangan; going,
flisked; fluttered rinnan, running; meeda, meadow; druim, hill ridge;
stey, steep; liggs, lies; crannreuch, hoar-frost; lyart, white; ilka, every.

The Power Of Advertising

Yon tartan laird in the picter wi his glessfu o whisky
an the bonie pipers playin in yon kid-on Balmoral
cannae possibly be drinkin the selfsame stuff
as yon puir gowk staucherin aboot the Gressmercat
slitterin an boakin his saul oot in the siver
inspired nae doot by bauld John Barleycorn.

Yon dollybird wi the velvet single-en an the hoor's een
puffin et yon lang fag an straikin her lover-boy's pow,
cannae be smokin the same brand as oar Wullie there
hoastin his lichts oot thonner in the Royal Infirmary;
his cough disna ease his kingsize carcinoma
the product o years o research by the cigarette company.

Man, advertisin, is yon no amazin?
Ye can buy juist aboot onything noo-adays...

Poother tae mak ye whiter,
lipstick tae mak ye ridder,
a hunner assortit smells tae droon oot the stink
o common humanity.

An is it no amazin they've never
made onything, ken, that'll stop ye
deein.

A Celtic History

I'm tellt the auncient Celts collectit heids
like some fowks gaither stamps,
an gin ye were their guest wad shaw ye kists
fou o their latest prizes.
Nou we're delivirt frae sic ugsome weys
we scrieve lists o the scunnersomely deid
prentit in black and white.
Yon's faur mair hygienic and forbye
ye can get a lot mair in than ye can in a kist.

I'm tellt the auncient Celts focht in bare scud...
Man ... *yon's* a mark o unco determination.
Ye've shairly got tae ken whit ye're fechtin *fur*
tae tak the haill Roman Empire on in yir buff.
Gin they'd taen Hitler, Napoleon and aa the lave
o the born leaders o sufferan mankind
and gart thaim fecht in nocht but their drawers and semmits
yon wad hae been a solid move towards peace.

*Gin, if; kists, chests; scunnersomely, disgustingly; lave, remainder; gart,
compelled; semmit, undervest.*

Faur Ahint Maun Follow Faster *

I hae follow't ye aboot, Maister Burns
frae the Auld Toun o yir birth
thro Dunedin o the Kings
tae the Doonhamer-land o yir daith
whase mool I micht weel share.

Aa the years o my bairntid yir face lukt doon,
as I snoovilt by the Square on the wey tae schuil,
the Clydesdales cletterin on the causey-stanes,
herds aff the Burns Laird boat swirin et dugs and stots
caa'in thaim on tae the mercat o Tam's mishanter.

I kent the bien wee biggin o yir birth
gey near as weel's ma ain;
I ken the braw twa-laftit hoose ye dee't in...
skinnt, o coorse...
but sodgers, burgesses, baunds blawin up the Deid March,
they gied ye a graund send-aff.

Then there wes Edimbro fir the pair o us...
whaur just the howffs tak muckle tent o makkars...
tho mair fir bardic drouth than Muses' sough.

* The title is a Scottish proverb meaning that those left behind must
  make stouter efforts.

An nou I'm cam tae whit ye never wir...
an auld soor bodach wi a lyart baird,
staunin ablo the statue the Doonhamers biggit
The caurs birl roon aboot, the horse hae gane
binnae ahint the Cornet yince a year.
Wha is't that kens ye wadna gie a snirt
tae see ye stell't atween a feenancial hoose
and the vauntie steeple o Calvin's muckle kirk?

I share an thole the same byornar stangs
in this auld land o deean herts and leids
whaur the paircel o rogues hes swallt tae a haill bing;
I'm kittled by yon maist unwycelike yeuk
fir scrievin in the 'aulder Scottish tongue'...
a thenkless daurg I'm shair ye maun agree.
Roon auld St Michael's just the ither day
I daunnert by thon dowie scartit stanes
lik gable-ens of hooses haudin doon
(anent a resurrection faur owre shin)
the banes o lairds and laayers, dochtless nou.

I cam fornenst yon unco mausoleum
they biggit owre ye et the hinner en
howkin yir banes up eftir twintie year
in sempler yird; last lap o towrist pilgrimage
roon Grecian temple, ferms and stanes and banes
that mark yir pheesical curriculum vitae athoot
being owre fasht by yir leevin spirit.

But I'll no girn, Maister Burns, fir eftir a
et least they gied ye twa-three momuments...
an haud a kin o saunt's day yince a year...
brak haggis thegither an share a sacred tassie
of coansecraitit yill or usquebae.
Man... yon's a puckle mair than they hae duin
fir Scotland's twintie score negleckit bards.

Even gin the feck o yir yince a year admirers...
dinna seem tae me, on the evidence
tae ken whit 'twes ye wir ettlin tae say.

The Auld Toun, Ayr; Doonhamer-land, Dumfries; mool, clay; bairntid,
childhood; snoovilt, slunk; causey-stanes, cobbles; stots, bullocks; mercat,
market; mishanter, mishap; bien wee biggin, cosy little house; twa-laftit,
two-storied; howffs, pubs; makkars, poets; drouth, thirst; sough, whisper;
bodach, old man; lyart, grey; binnae, except for; snirt, snigger; vauntie,
proud; muckle kirk, big church; thole, endure; byornar stangs, uncommon
stings; leids, languages; haill bing, whole heap; kittled, tickled; unwycelike
yeuk, foolish itch; scrievin, writing; daurg, labour; shair, sure; maun, must;
daunnert, strolled; dowie, gloomy; scartit, scratched; carved, faur owre
shin, far too soon; dochtless, powerless; fornenst, opposite; unco, amazing;
biggit, built; hinner en, latter end; howkin, digging; sempler yird, simpler
earth; girn, complain; tassie, cup; yill, ale; usquebae, whisky; puckle, little;
feck, majority; ettlin, trying.

Hertsaw

Ye're a byornar scunner
deleerit and rouch,
stauchran hame et midnicht,
faa'n doon i the sheuch.

Whit fur ye're no coortin
we an ee tae get mairrit
on the dochter o yon fairm
wi nae sons tae inherit?

Yon yin thet refuised ye
has aidled yir harns;
tak saw fir a sair hert:
kye and weel-biggit barns.

The morn whan yir heid stouns
and dings lik a smiddy,
tak tent whit I tellt ye
and wad muckle Biddy.

Hertsaw, Heart balm; scunner, object of disgust; stauchran, staggering;
sheuch, ditch; harns, brains; kye, cows; stouns, thumps; smiddy, smithy.

Betty Tindal

As a bairn Ah leeved in a faur-oot glen in Perthshire. We hid nane o thae modern conveniences o piped watter, electrics or sic lik. Hooiver Ah didna feel twined o oniethin, exceptin mibbe the sea. Ma scrievin Ah feel is behauden tae the throucome o they whiles. Oft times Ah had tae return tae '*draw watter frae the well.*' In ma retiral frae ma career in the NHS Ah leeve nou in Dumfries.

Preservin Memories

Aboot this time in ilka hoose
the harvest rites went on.
Ye daurna waste, pit a tae use,
an use up whit ye can.

Ae special thing I kin reca'
was the copper jeely pan;
Nervously we'd watch, in case
it 'caught' and spoilt the jam.

Oor Mum filled up the twa-pun jars,
when she kent she'd got a 'set',
We licked the sticky spurtle,
an the 'scummins' frae the plate.

And then we'd get the jeely-bag,
an soort the brummles oot.
Cos ye couldna hae o'er muckle,
wi a them weans aboot.

Wi chutneys, beetroot, pickled eggs,
the larder shelves were clad.
An when she proudly viewed her work,
my Mum would say 'No bad!'

I like tae dae the verra same,
(she's handed on her skill),
An I haud the jars agin the licht,
an let the memories spill!

Green Moss

Swollen wi unborn lamb,
the ewe, ha'in slippit,
cuidnae get a grip again.

Sneckit oan owerhingin branches,
her fleece, heavy wi peaty water,
hauds her captive.

She lies, a sodden carcass:
her keel-marks lik open scaurs,
reid, across rump and belly.

The auld brig,
stanes mellowed bi green moss,
nae langer echoes tae ony herd's fit,
bit its saft shaddae
is her hinnmaist beild

The Letter

There's juist the ane, it's no broon tho.
Ah'd ken that haun onywheres;
She aye added them wee curlicues,
liked tae impress.

Weel she disnae impress me!
she didnae get ayont the Glen skule,
aye but kindly, an no short o' freens;
a canny body

Whit a bonny stamp!
There's mair nor ae page here.
I aye likit her crack,
never malicious.

Pit oan the kettle.
We'll save it till oor cuppa.
Sit doon, sit doon, we'll redd up later.
Here's yer tea!

Haun me o'er ma specs;
Let's see now–
Listen,
Ye'll niver believe it!

The Slaes

Cooried agin the fearsomeness
o a saut gouster,
slae bushes bend frae the blast.
Tholin it
they creep thegither ahint a rock
fir beild agin sic ruchsome weather.
An syne, thrawn-like, bide that wey.
Till, grey-bearded an stunted,
arthritic limbs gnarled an skewed,
their throupit is the wershest fruit kent tae man.

Glimpsing the Unicorn

In ma hidey-hole
in ablow the table,
Ah'd nae inklin.
The first Ah kent wis seein
yon queer twistit horn.
Somewey Ah felt nae fear;
like as if ma Granny
hid come back
an happit me roon
wi her saft grey shawl.
Wee blinks o licht
moved ower the sides
o ma table-cloot tent,
as the Unicorn noddit his heid.
Seiven, sax, five, fower, three, twae, ane.
An syne he wis awa;
leavin ahint a gliff o simmer heyfields,
yellow-rattle an buttercups;
an only twin tracks doon ma cheeks
tae show how sair Ah'd bin greetin.

Reelin Back The Years

Lookin ahin ower the runch o years
I see a lass, slip-shod till the morn-cam-never,
freckles pu'd tae the fore bi the everlastin sun
till this wee warrior grew dark as a tinkler wean
an her ain mither seemed no tae ken her.

I mind oan the comfort she goat frae her faither;
the feel o his bristly chin agin her face
as he gie'd her bairdie,
afore he happit her in her bed,
ca'in her his wee ewe lamb.

I smell the tail-en o bye-gaun years,
weet welliebuits, rubber-buttoned bodices,
Snowfire ointment an Wintergreen;
mind oan appetites whetted bi the waft o steam
risin frae hot panscones.

I hear again the kitchen echoin
tae the soon o spuins, an a squeeze-box,
an whiles her mither diddlin, tho rain blattered at the windae.
The same lass, auler noo,
is cooried up i the box-bed, scrievin.

Warld events hae reeled back thae years fir me.
I taste fir masel noo the awfu fear
I spied oan ma mither's face,
as she held in her haun the War Office letter,
the letter that brocht her
the last news o her sodjer son.

Jist A Domestic

An echo leeves in the lobby
close in ablow their stair.
Cooried in ticht she'd fold her wings
for her 'fraidy-hole wis there.

Her older-twin cam thro an a'
an they'd cuddle in thegeither;
it wis the only ploy they kent
tae sit oot stormy weather.

Sometimes their Mam cam ben quite sune
when the fechts were nae sae lang.
At ither times the row was fierce
an jist went on an on.

Noo an again the polis ca'ed,
maybe a neebour fetched them;
but her Da an' Mam were smilin
wide—an sayin 'we're nae fechtin.'

She tries tae kid-on like they dae
that things are fine an rare,
but she kens whin she hears her Da like thon,
tae get in ablow the stair.

Turnin Tae Sang

Aneath the deid souch o the hinner-end o the year
sumthin's been hingin oan, waitin fir word.
Noo lanesome winter's awa wi't,
faur-an-aboot the signal's bin gaen.

No yet free wi the hale story,
aw thing's saftened.
Hill burns are lippen fou wi snaw bree,
trees are fleshin oot their banes.

Wi the wearin in o Spring
the tempo o life hoys oan;
as birds conter aw this clamant,
the verra wuids turn tae sang.

souch, as in attitude, style; clamant, urgency.

Joyfu Souch

If Spring cam chappin at yer windae
wad ye pey it nae heed?
Or wad ye lay-by yer clerkin,
fling wide the door,
an gae oot,
tae renew its accquaintance?

Wad ye conter yer neebor's cheery 'fine day!'
wi a dour 'd'ye think sae?'
Or wid ye caper ower new green gress,
kickin up yer heels, no carin whae wis watchin;
an fetch hame bluebells
frae the singin wuids?

Walking The Line

Let's walk the line o the tide lass,
Noo at the close o the day.
Maybe we'll see white horses,
ridin oot i the bay.

Twice a day ye can see them,
their manes wet frae the sea.
Gey ferlie they are thon craiturs.
Wha kens whaur they cam frae?

Ye're shure tae hear the poundin,
atween the shore an the sea.
It could be the stanes that're shiftin,
or hooves that gallop this wey.

Dinnae ye gang ower nearhaun,
watch frae ayont the spray,
I'll haud yer haun in mine lass
in case ye're snatched awa.

Fir they kin fin ye oot lass
an wi the wind i their manes,
they'll speerit awa yer senses
an chill ye tae yer banes.

Sae haud tae the hand ye ken, lass
safe frae their heidlang flicht,
an we'll gang up the brae thegither,
an we'll baith gang hame the nicht.

Winter Glaur

Ahint the dyke, oot-wintered beasts shelter;
their days are dreich, dark an dreary,
alleviated by the arrival o the auld 'grey Fergie'.

Through the guttery, glaury gateway,
intae the field it comes, fetchin fodder.
It heids fir the higher grun,
purrin...

Legs slippin dangerously,
the heifers jostle fir position.
Skitter an slitter, tails high,
they caper tae firmer grun,
whaur the hay is spread.

... Silence returns,
the evenin air is scented
bi their sweet steamy breath,
as they chew the cud in the Winter gloamin.

P- P- P— Prostitution

D'ye mind on yon story
o the craw that was sae smairt?
He got whit he wanted, did he no?
fillin up the jug wi' stanes
so's he could cure his drouth.

Weel ye're no gaun tae believe this!
but it seems them furrin burds
ca'd p- p- p- penguins
hae heard an a,
cos they're usin chuckies fir barter.

The brazen wee hussies
are chairgin' fir favours,
an noo they're sittin on a pile o' stanes
tae rival Criffel,— —
an them no even needin a drink.

Angus Macmillan*

ANGUS MACMILLAN wis born in Lewis but hus spent maist o his warkin life, as a psychologist, in Dumfries and Galloway. He writes maistly poetry, and his wark in English and Gaelic (his hamewart leid) haes been publisht in sindrie magazines and anthologies. His short collection *Life Lines* wis publisht bi Markings Press in 1997. His raicent wark hus involved poetry and photography collaborations wi Derek Ross, a local writer and photographer, and thegaither they hae produced three exhibitions.

* Scots owersettins o Angus Macmillan's Gaelic poems bi Rab Wilson.

Balla Samhach

tha faclair slan air rachadh air chall
bhon dh'fhag iad an gleann seo

facail 'son guthan caillte 's a ghaoithe
's fuaim daoine 'g obair air talamh aitich

'son a' chiad ran aig leanabh ur
's guileig a' ghuilbnich aig tuiteam-oidhche

agus facal 'son sgrobaireachd chlachan
nuair theid balla ma sgaoil

tha na guilbnich a gairm fhathast am mac-talla
mar bathadh an t-am a dh'fhalbh 's an t-am a tha lathair

cradh a dh'aithnicheas sinn
ach air nach cuir sinn ainm

Lown Wa

a hale leid hus gaen
syne they quat the glen

wirds fir vyces tint i' the wun
an the souns o the fowk wha warkit the laund

fir the first cry o a new bairnie
an the wheeple o the whaup at gloamin

an the name fir the bourach o stanes
when a wa unraivels

the whaup still wheeples its echo
an elision o past an praisent

a stound that we ken
but cannae pit a name tae

Tha e sileadh an Leodhas

An deidh latha de theas bhruideil
tha e sileadh an Leodhas.
Tha'n uisge tuiteam mar teudan airgead
air na lochan ciuin.
Tha torann 's an t-aile
cudthrom air an fhaire.

An deidh grian neo-thruacanta,
tha'n t-eilean a' leigeil anail a-rithist.
A' truisadh cleoc de sgoth-dhubh
mu ghualainn, le ceol na gaoithe
agus gaire na sruthain na chluasean,
tha e aig fois leis fhein.

It Is Rainin In Lewis

Eftir a day o brutal heat
it's rainin in Lewis.
It faa's lik strings o silver
hissin oan the quate watters.
There is thunner in the air,
a heaviness oan the horizon.

Eftir the unrelentin sun,
the island breathes agane.
Happin a mantle o nimbus
roond its shooders,
wi the music o the wun
an the lauchter o the rivers
in its lugs, it is at ease wi itsel.

Gearan na cuileagan-mheanbh

(an deidhe Rumi)

Thubhairt na cuileagan mheanbh
ri Solomon: 'Tha gearan againn –
am bidh thusa mar fear diona dhuinn?'
'Co rinn cron oirbh?'
'Tha ar gearan an aghaidh
a ghaoth an ear.'
'Feumidh mi eisdeachd
ri gach lagh-thagairteach.'
'Gle mhath,' thubhairt na cuileagan-mheanbh.
'Gairm air a ghaoth an ear,' dh'eibh Solomon.
Agus thanig a ghaoth an ear anns a' bhad.
Ach caite bheil na cuileagean-mheanbh?

The Midges' Complaint

(eftir Rumi)

The midges said tae Solomon
'We hae a complaint –
wull ye defend us?'
'Wha hus mistreatit ye?'
'Oor complaint is agin the east wun.'
'Weel, ah must hearken tae baith litigants.'
'O coorse,' agreed the midges.
'Caa furth the east wun,' caa'd Solomon.
And aamaist at aince the wun arrives.
But whaur are the midges?

Toimhseachan

Nuair a thuiteas craobh
gun duine ga faicinn
an dean i fuaim?

'S e a' cheist as inntinnich
am fuaim agus an sealadh
nuair a thachdas tu feallsanach.

Conundrum

Gin a tree faws
an there is naebody there
dis it mak a soun?

The mair interestin question
concerns the sichts an souns
when ye thrapple a philosopher.

Fear-labhairt deireannach

blas a bhais
'na mo bheul
tha mi beo measg
maise neo-bhuan
facail a failligadh
mo sgornan
mar uaigh
a fosgladh

The Hinmaist Speiker

The taste o daith
in ma mou
ah leeve amangst
temporary beauty
wurds failin
ma craigie
lik a grave
gantin

Uisge Beatha

Thubhairt an t-uisge ris a' ghrian
– cuiridh sinn miorbhail cruinn
    's an t-adhar
    a chuireas maise ann a suilean dhaoine
    agus miann

Thubhairt an t-uisge ris an fhuachd
– ni sinn co-fheall
    de ghile
    a-measg dorchadas an t-saoghail
    mar chuimhneachan

Thubhairt an t-uisge ris an eorna
– le cheile cuiridh sinn
    amhrain bardachd 's saorsa
    air teanga dhaoine
    mar thiodhlac

Uisge Beatha

The rain said tae the sun
    we wull pit an arc o wunner
    in the sky
    tae pit beauty in men's een
    an desire

The rain said tae the cauld
    we wull mak a conspiracy
    o whiteness
    amangst the daurkness o the warld
    tae mind thaim

The rain said tae the barley
    thegaither we wull pit
    sangs, poetry an freedom
    oan the tungs o men
    as a mindin

Dannsa 'san t-seomar-feitheamh

Tha ar beatha gu leir
'san fheitheamh.
Lorgaidh sinn aig an am sin
ar sinn-fein do-aireamh :
trioblaideach, dochasach, critheanach,
miannach, eagalach, mi-fhoighidneach.
Tha ar faileasan-dannsa gu leir an sin
ag imrich ann an leth-sholus
do mhi-reuson,
domhlachadh le-cheile
ann an teasachan do ghluasad,
gun fhois, gun aonachd.

'S nuair a chanas guth 'An ath dhuine',
bidh danns ur
ri toiseachadh.

Dancin In The Waitin Room

Aa oor leevin
is in waitin.
In these moments
we fuin oor myriad selves:
anxious, hopefou, tremmlin,
wishfou, fearfou, fashious.
Aa oor dancin sheddas
are there
flittin in an oot o the hauf-licht
o unraison,
croodin thegaither
in fevers o muivement,
nevir still, nevir ane.

Then a vyce says 'Neist',
an a new dance
stairts ower.

Ciste

Cha n'eil mi 'g iarraidh
ach beagan talamh
fad ciste
far a caidil mi
le bruadar de'n bheinn ard
's an amhainn 'sa ghleann
sruthadh fad an t-slighe
gu'n chuan bith-bhuan

Kist

Ah need anely
a wee bit erd
the lenth o a kist
whaur Ah can sleep
dreamin o the mountain
an the river in the glen
rinnin aa the wey
tae the aye-lestand sea

Gaelic Haiku

cuileag-bheag a' bathadh
lan aoibhneis

a drap of whisky
the midgie is drounin
cantilly

....

Blath na craoibhe-shiris mar sneachda.
Air madainn Cheitein
sanas d'en gheamradh

Yowdendrift o cherrie blume.
Oan a Mey mornin
a souch o wunter

....

Streapidh seilcheag
a' bheinn a's airde.
Gu socair

A snail maun climb
the heichest mountain.
Slawly

....

Thus' ann a Leodhas
mise seoladh na mara
n'aon gealach ar n-acair.

Yersel, in Lewis
whyle ah sail the seas
the ae mune oor anchor

....

'Se mo dhochas dhuit
feith-ghaire air do bhilean
grian air do ghualainn.

Ma wush fir ye
lauchter oan yer lips
sun oan yer shouther

....

Latha socair, samhach.
A' bheil ceann-uidhe s' am bith
aig na ceithear gaoidhe?

Aa is lown, an quate.
Micht it be that the fowr wuns
hae naewhaurs tae gae?

....

Historical Shorts

Mrs Copernicus's complaint
So it's the earth
gans roon the sun, is it?
Weel, Ah'll tell ye this –
it's naw movin much fir me.

Mrs Freud confuses her husband
Jist ye mind, Siggy dear,
ye wir Jung yince.

Mr Lot in the chippie
Naw, naw thanks –
Ah'll jist hae the vinegar.

Mrs Satan contemplates an affair
Ach weel, mebbe naw...
better the deil ye ken.

Prince Chairlie consoled
Ach, gie it five year, Chairlie...
Naebody'll mind Culloden.

Flora MacDonald's lament
Jings! Thae oars are gien me gyp!
Could they no hae built a brig?

Descartes gets it wrang
Ah'm pink
therefore Ah'm spam.

Descartes has PMT
Ah jist am! RIGHT?

Tartan Briefs

Scots cuisine
Mince.

Scots phrenology
Awa an get
yer heid felt.

Scots philosophy
Ah drink
therefore Ah'm are.

Scots schadenfreude
He kens noo.

Scots optimism
Ye've no dee'd
a winter yet.

Scots initiative
McKilroy
wis here.

Scots Superman
Kent
his faither.

Scots secret agent
007
an a hauf
an a hauf.
Licensed tae mollicate.

Scots education
Fowr Highers
an the warld's
yir oxter.

Derek Ross

Born in Stranraer, sae originally a *'Cleyholer'*, but haes leeved in Dumfries fir the last 35 years, sae noo thinks o himsel as a nation-alised *'Doonhamer'*. Wirk haes appeared in mony anthologies and magazines and oan Channel 4. Luves tae combine his landscape photaes wi landscape poems. Haes pit oan three joint photae/poetry exhibitions wi his guid frien Angus Macmillan. Wirks as a Biomedical Scientist.

Waterloo Tower, New Abbey

I

A sair climb it wis, clamberin up stane
steps slottit intae the hill lik the teeth
o hauf buriet skulls. We struggled tae keep
oor feet, an the trees drapt their stagnant rain
on unsuspectin heids. Gaspin we gained
the upper grund, an fund the tower wreathed
in a cauld April mist that crept an seeped
throu sodden claes. Still we wir gled we'd came,
fir thir wis somethin aboot yon tower,
mair o a folly than a monument.
Its inscription proclaimin a prood hour
o glory. But wis it pride that glowered
abuin us? or wis it a sense o guilt
in the wey young daiths are gloatit ower?

II

'The mair things chainge, the mair things stey the same.'
We aa thocht it, but naebody daurt tae
say it. This wis nae place fir auld clichés.
Besides, somethin wis missin fae the stane
o the tower, nae regiment o names
mairched doon its side, a mindin o the day
raither than the deed. Memorials hae
thair place tho, this yin tae. We made fir hame,
but this time tuik the easier wey, doon

forest paths lined wi ranks o trees, straicht-backed,
formed up in perfect order, bein groomed
fir a bitter hairst. We stegged oan, sune
reachin the New Abbey road. The sun dragged
itsel awauk. Somewhaurs, a kirk bell boomed.

Staunin Stanes

Thair are thaim
Wha seek meanin
In the alignment
O staunin stanes.

Wha line up
The stars an mune
An track the sheddaes
Imprintit bi the sun.

Thair are ithers
Wha accept a mystery
Fir whit it is,
Beyont an answer,

Perhaps it is eneuch
To staun an luik
Athin these places.
The stanes become

Question merks
Embedded in
The deep pages
O the lanscape.

Sometimes, we can
Dig too deep,
An cowp ower too
Mony unknowns.

This is space eneuch
Tae leave alane,
Tae wunner an dream,
As we search

Fir yon lane stane
We ken is oot there,
But is ayewis
Juist oot o reach.

First Gemme

Stair Park, a snell December efternuin,
Stranraer, at hame tae the micht o Forfar.
Ah'm nae mair than eicht years auld, an clingin
tae ma grandfaither's haun, stampin the glaur
o mud an ash in an effort tae keep
waarm. 'They're a team o triers son, a team
o triers. Ye can ask nae mair,' his heid
floatin on a sea o pipe reek, his een
gleamin as he tuik the gemme in. Stranraer
won, twa nil! 'First gemme eh! Ye're ma lucky
mascot.' He bent doun, wrapt me in his scarf,
'A wee victory son, juist a wee victory.'
He spoke slow, so that ah could unnerstaun,
Granda, ah miss yer vyce, ah miss yer haun.

Museum O Scotland

New museum, an auld story wrapt in new covers.
Walk throu its pages an ye'll fuin yer very sel,
aa that shaped ye, aa that binds ye. Touch
its leevin stane, feel history coursin throu
yer veins. Listen, it tells us aa the same,
we're juist lik aabody else, but we belang
here. Read weel, dinnae rush, but mind o this,
tak it aa awa, an Scotland wull still be there.
It bides in the yirth, in the vera air ye breathe.
Luik deep, tak yer time, time is whit this place
is aa aboot. Yet, aa the while remember,
it's no whit ye see, it's the wey that ye see it!

Hadrian's Wa

Frae up oan the wa, Northumberland
Is an open buik, its weel thoomed
Pages, laid oot, offerin thir stories
Tae aa wha tak the time tae read.

Ah'm walkin alang Walltown Crags,
Followin the line o Empire.
Aside me, the wa meanders
Lik a sentence stretchin intae memory.

Aa wirds are stanes, in a wey,
Yin stane upon anithir, yin wird
Upon anither, buildin histories,
Definin leemits, formin ideas.

Up here, ma mind opens wi the hills,
Ah follae the wa, read the next page.

Dunbae Road

We nevir said 'Gallawa', in aa thae
First years. We nevir grew a rowan tree,
Nor dreamt o kings, nor focht oor enemies
The wey the aald ballad said we should hae.
Oor Wirld wis Dunbae Road, jist that, nae mair.
We cared nocht fir aald sangs, nor histories.
We belanged, but whan it came roun tae it,
We left in droves, driven bi realities.

So, the nicht, ah fuin masel, walkin doun
Port Roadie, wi rain fawin in torrents.
Keepin waarm the wey exiles ayeweys dae,
Wi mindins o some loast, time-silvered toun.
While doun on the tide line, the Mune's reflection
Dances mangst the last waves o the day.

Tide

The froth o anither tide
Bursts alang this cauld
Scottish shore-line.

At this precise meenit,
Thair is nae ither soun,
Even the gulls are quate.

A lane stalk o seaweed,
Like a loadit quill pen,
Presses intae wet saund.

The moment hings, an then,
Juist as anither page
Threitens tae slowly turn,

A finger o a wave rises,
As if ready tae shoosh
A stirrin wean.

Origins

Ah wid lean oan the rail o the auld pier,
Cast stern een up the lenth o Loch Ryan,
An imagine square-sailed langboats ridin
The white horses. In a gull's caw, ah'd hear
A horn's blast, a battle cry, sense the fear
O the unbeatable. The origin
O Stranraer's name had tae be there, Viking
Fir 'Safe Harbour' or sic like, had tae be.
But nou, years efter, a frien tells me that
The name stems frae Gaelic roots. 'Sron ramhair',
Broad nose, the shape o Gallowa. A knife
Couldnae cut deeper. Ahm no haein it!
Ah can still feel the wun lashin the pier,
Yon wis nae sneeze, yon wis the braith o life!

Forest Cottage

The forest is winnin agane
In its ain relentless wey.
It is pullin this auld cottage
Back intae its deeper sel,
Reclaimin this precious space,
Slowly restorin the balance.

It is naitur that is crackin
Thae waa's, its weichty growth
That hus brucken throu the ruif.
But, there is nae rael daith here,
There is anely life that can
Nae langer be held at bay.

Ye arrived here bi chaunce,
Nou tak the time tae luik aroun.
Touch new leaves, smell wild flooers,
Feel the air, fresh frae the forest.
Tak yer leave in yer ain guid time,
There is nae need tae sneck the gate.

Dry Stane Dyke

The stanes o this auld dyke are free,
Yet each depends upon the ither.
It is the dyker's skill that binds them,
His een provided the mortar.

Run yer haun alang its rough side,
Feel hou each boulder plays its pairt.
Feel its simple strength, abune aa,
Feel the years pulsin through its heirt.

Rab Wilson

RAB WILSON wis born in New Cumnock, Ayrshire. Eftir an engineering apprenticeship wi the National Coal Board he left the pits eftir the minin strike o 1984–5 tae become a psychiatric nurse. His wark appears regularly in *The Herald*, an hus bin publisht in *Chapman, Lallans,* an *Markings* magazines. He is, the nou, 'Robert Burns Writing Fellow – In Reading Scots' fir Dumfries an Gallowa.

Biggin

Comin owre the shooder o Lowther Hill
Ah cam across an auld dry stane dyker
Engrossed in the pursuance o his tred.
Nane o yer Goldsworthy flichts o fancy;
Plain, ordinary breid an butter work.
Ah noddit, an sat doon tae hae a drink,
He peyed me nae heed, didnae seem tae mind.
Intent, his practised ee weighed up each stane
Discardin yin, syne liftin anither
Lost in some unconscious arbitration.
Then purposefully placin it, in the
Only place whaur it could possibly go.
Tools tentlessly scattert, a paradox
Agane the pristine order in his wake,
Whilst chaos awaited his adroit hauns.
Liftin up ma bike, ah waved, an moved oan.

Then ah thocht hou sic-an-sae we baith wir;
Strivin tae fin exactly the richt words,
Discardin extraordinarily
Tautological loquaciousness,
Measurin each an ivverie sentence,
Contemplatin ivverie syllable,
Or wid a wee sma wurd fit juist the same?
Lost in some unconscious arbitration.
Then purposefully placin it, in the
Only place whaur it could possibly go.
The creation o order frae chaos.

Extract from *The Ruba'iyat of Omar Khayyam: In Scots*

117   It's the mornin, richt enow. Pour us a gless
      Then fling yer empty in yon skip o ruint yesterdays.
      Let's no think too much oan the future,
      We'll juist tak it easy, and tak things as they come.

118   A fine fresh day, an juist aboot richt.
      An early shower waashes the stour aff aa the roses,
      The lark's song, risin in flicht
      Exalts the praises o oor liquid rose.

119   The summer, the watter, the park –
      Twa or three workin lassies hingin aboot.
      Brek oot the wine fir the early birds,
      Ne'er mind thae meenisters: oor passports tae paradise
          hiv a expired.

120   The freshenin summer breeze feels cool oan yer face,
      The sun, lik a ghost, feebly gies its first embrace
      As if ashamed tae be seen and tryin tae hide his face,
      But whether or no he shines the morn, he's braw the day.

121   The grass an the flooers, are they no bonny?
      Mak the maist o them, they're no here lang.
      Hae a drink o wine, and pu us a flooer
      An we'll sit and watch as it withers awa.

122   Haud oan tae that tulip-stemmed gless in yer haun,
      An while ye've the chance, rosy-cheeked, enjoy yer wine.
      Every turn o this blue planet o oors
      Will see us slowly wither awa tae.

123   We'll baith sit here watchin the rosy dawn,
      The breeze strummin the roses wi its haun.
      We compos-mentis sages o the vine salute its silvery rays
      An smash oor empty bottles oan the grund.

The National Conversation

'A Wheen o Blethers...'

Whit's taen the mind up o the nation?
Is it the National Conversation?
Or vandals at the railway station,
          Cowpin flooerpots over?
Or aiblins mibbes '*Wealth Creation*'!?
          When's the neist '*Roll-over*'!!?

Ask me, '*Stands Scotland where it did?*'
It's no chynged syne Macbeth goat chibbed!
Ah'll say, ye neednae try tae kid
          Us wi yer website hits,
Like '*Smeato*', you'll get three rap-id!
          D'ye think we're aa hauf-wits!?

Thae politeecians play their gemmes,
Whilst sleekit like they pit the hems,
An try tae rax the diadems,
          Frae each ithers heids,
Miss Brodie, whaur's yer '*crème-de-la-crème*'!?
          Nou we're sair in need!?

Thon Budget coup bi Jock an Sawney,
Juist pruived *New Labour* hudnae ony,
Guid new ideas that they could rin wi,
        Whaur wir aa their aces!?
Mim-mou'd they staun ahint puir Wendy,
        Egg upo their faces!

While Sawney, lik a Cheshire Cat,
Grins ear tae ear, an doffs his hat,
Tae Greens an Tories, whae aa gat
        Somethin aff his cairtie,
Buses, Polis, or Business Rates,
        (Bocht fir tuppence ha'penny!)

There's Anna Goldie, an Brownlee,
Resortin tae some banditry,
Rob Roy wid beam wi utter glee,
        At thon pair's fly '*sneck-drawin*',
'*Mair Polis oan the streets, ye see!*'
        Nae wunner Anna's crawin!

Likesay, the Greens, whaes biggest plus wis,
Keeping Souter '*Oan the Buses*'!
Micht suin regret bein generous, as
        Ann Gloag's like tae ask,
Thaim tae Kinfauns fir sandwiches –
        Tho mind! '*Keep Aff The Grass!*'

Meanwhile, the planned Wind-Fairm oan Lewis,
Could see a snell wuin yet blaw throu us,
A nuclear winter yet could do us,
    Oot o oor birthricht,
Fir sake o jucks an whaups an skuas,
    We'll aa be tint in nicht.

Whilst ither *Plannin Applications*,
Hae caused some Doric consternation,
Their Cooncil *'Trumped'*, the implications
    Bein wealth obscene,
Taks precedence ower conservation –
    Whaur's the *'Puttin-Green!?'*

But Sawney's failt tae close the yett,
Oan classroom sizes; student debt,
They'll suin cam back tae haunt him yet,
    Should he no deliver,
Whilst Hyslop flips, an flops, an frets,
    Haurd-up students shiver!

Puir Sawney! He consoles himsel,
Wi a tasty *'cairry-oot'* meal,
An sends the offeeshul limo wheels,
    Tae fetch his *'Rogan Josh'*
Scoffs *'Prawn Biryani'*, fresh frae the creel!
    (Tax-payers coont the cost!)

There's ae thing tho he'll no fuin funny,
Nou James Purnell hus 'spat-the-dummy!'
An wullnae dole oot Sawney's money,
     Fir his new tax-plan!
Luiks like the land o milk an honey's
     Aiblins doun the pan!?

An Nicola's task is no nae cinch,
As cash-strapped councils feel the pinch,
'Free Care' fir auld yins micht be tint,
     Gin COSLA 'bells-the-cat'!
Whan this flagship sinks in the Minch,
     Wha'll tak the blame fir that!?

The battle nou fir Bannockburn,
Hus taen a queer an unco turn,
Canavan's 'Right tae Roamers' spurned,
     While Wullie Roddie's dyke,
Festooned wi warnins stark an stern –
     States 'Ramblers: Tak a Hike!'

An 'Question Time'? we must accede,
Sawney's wit's left Wendy fir deid,
Her fowk must aa be aff their heids,
     Tae try sic craic,
It's time tae lowse 'Rottweiler Reid'
     Wha'd suin attack!

But she can weel afford tae smile,
(*Fir Southron friens hae uised their guile!*)
Nou she's been let oot o the jyle,
    Ower thon dodgy cheque,
Harriet Harman's hidden pile,
    Aiblins saved her neck!

Aye, thon's the type o '*causey-clash*',
That's like tae cause us aa some fash,
As usual, juist luik fir the cash,
    It maks the warld gang roon,
Juist watch the politeecians dash,
    Tae the '*clink*' o thon auld tune!

But, Scotland free!? It hus a souch,
O some auld lang forgotten truth,
Gin we hud some new '*Rab the Bruce*'
    Tae tak up thon auld cause,
At least the bluid o Scotia's youth,
    Micht no be tint in wars.

Heraclitus

(Owerset frae the writin o William Johnson Cory –
1823–1892)

They telt me, Heraclitus, they telt me ye were deid,
They brocht me dowie news tae hear, an dowie tears tae shed.
Ah gret, as ah hud mind o, hou often you an I
Hud deaved the sun wi blethers, an sent him doun the sky.
An nou ye're liggin thair, ma dear auld Carian frien,
A haundfu o grey ashes; lang, lang ago at rest.
Still tho, yer couthie vyces, yer nichtingales, awauk;
Fir daith, he hus taen aa awa, but *thaim* he cannae tak.

(Heraclitus's wirds wir descreivit bi the aunciens as his 'Nightingales')

Diffugere Nives (Horace, Odes 4.7)

(eftir A.E. Houseman)

Snell Winter's snaws are fled, leaves oan the shaws
Hing, buskit braw; wi gress the meedie's thrang.
The roarin spate in dowie linn grows caum;
As saisons turn, the yird bestirs hersel.

The nymphs an Graces three, nae langer feart,
Daunce naukit throu the wuidlands saicret groves.
Swift wing the hours, the towmond in its prime
Souchs in yer lug *'Howp nae tae bide fir aye.'*

Thowe follaes cranreuch; pressin haurd oan Voar
The Simmer, doomed tae dee, fir in ahint
Wins Hairst, his aipples skailt abreid the yird;
Then, Winter aince agane, whan naethin steirs.

Whilk maitter that the saisons gang agley,
The waxin muin wull bigg thaim up agane;
While we, whaur Tullus an whaur Ancus ligg
Wi guid Aeneas, we are dust an dreams.

Torquatus, gif the gods in heivin suid steik
The morrae tae the day, whit tung hus telt?
Tak whit ye can, fir aince ye've hud yer fill,
Nae gruppie heir can tak it back agane.

Whan thou gangs doun at last the shades amang,
An Minos' steive assizes weichts ye up,
Nae faur-kent kin, nor glegly-gabbit tung,
Nor douce-like weys wull serve tae bring ye back.

The nicht hauds Hippolytus, guid an true,
Diana cannae lowse him, he maun bide;
Tho Theseus strains, daurk Lethe thirls Pirithous,
E'en comrades luve can ne'er win us awa.

Heroes

Aince '*Tattie*' Crisp hud left the NHS.
Up tae its lugs, a billion pound in debt,
Wis he repentant walkin oot the yett?
Nae fear! Whit did he care anent the mess?
A pension, worth three million, his reward.
A knighthood tae, they say, fir Guid Sir Nigel,
Whae's no averse it seems tae bein laid idle –
His future '*index-linked*' – bi closin wards.

But hou hae aa the kettle-bilers fared,
The yins at the 'shit-face', whit did they get?
Juist let me illustrate hou things are shared;
Thon lass, wi nae seeck-time, whit did she net? –
A box o Cadbury's Heroes – an a caird.
Ah lauched when ah heard – else ah micht hae gret.

Dumfounert Wi Wunner

They taen the Kelloholm weans doun the street,
Twa, three wee anes frae the Nursery Schuil,
A jaunt tae the shops, social learnin skills,
Wi mibbes ice-cream thrown in fir a treat.
Ower the brig, across the swollen Nith,
'Keep in you pair, mind haud each ither's hauns!'
Wide-eyed the weans tak in the warld's oan-gauns;
Ane spys some men wha're thrang up oan a ruif,
An innocently daels her Joker caird,
Lik a fledglin bird bent oan kennin why,
She luiks up an she speirs 'Miss, whit's gaun oan?'
Distrackitly, her teacher maks repone;
'Ah dout they must be pittin up the 'SKY'.'
Dumfounert wi wunner, the wean juist stared.

Somerfield Checkoot Coonter #2

Harrassed, the lassie frowned,
An shouted oan the Supervisor,
'Ah weesh they'd mark them mair clearly,
Hou much is this Chardonnay, Wilma?
Is this the yin that's oan oaffir?'
The wummin ahint me stared,
Then the big fellah appeared;
Ruggedly handsome,
Wi his bunches o flooers,
Justifiably embarrassed.
'If that's aa ye've got,' she said,
'Jist tak thaim tae the Basket Coonter.'
Then added, cheekily,
'Onywey, ye're too late!
Valentines Day wis yestirday!'
The big fellah wis oan form though,
His face lit up, an pu'in a flooer,
Haun't it tae her;
'Hen, when ye stey wi me,
Every day's Valentines Day!'

An, claspin his Tulips,
He cantily mairched out the door.
Clutchin her prize,
She paused,
Briefly,
An gazed,
Wistfully,
Eftir him.

Playin MacDiarmid At Scrabble

Hugh MacDiarmid's vast vocabulary;
Ah'd huv luved tae hae played him at Scrabble.
Ah'd huv waitit till he played '*crammasy*'
Or '*clamjamfrie*', or '*blate*', or '*yow-trummle*',
Then ah'd huv said '*Nou Hugh, that's no alloued,*
These English rules state ye cannae dae that,
Ye'll hae tae tak thae wurds back aff the board.'
'*Rules*' an '*English*' could ye pictur his face?
That wid hae pissed the thrawn auld bugger aff.

Some other books published by **LUATH** PRESS

100 Favourite Scottish Poems

Edited by Stewart Conn
ISBN 1 905222 61 0 PBK £7.99

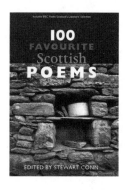

Poems to make you laugh. Poems to make you cry. Poems to make you think. Poems to savour. Poems to read out loud. To read again, and again. Scottish poems. Old favourites. New favourites. 100 of the best.

Scotland has a long history of producing outstanding poetry. From the humblest but-and-ben to the grandest castle, the nation has a great tradition of celebration and commemoration through poetry. 100 Favourite Scottish Poems – incorporating the top 20 best-loved poems as selected by a BBC Radio Scotland listener poll – ranges from ballads to Burns, from 'Proud Maisie' to 'The Queen of Sheba', and from 'Cuddle Doon' to 'The Jeelie Piece Song'.

Edited by Stewart Conn, poet and inaugural recipient of the Institute of Contemporary Scotland's Iain Crichton Smith Award for services to literature (2006).

Published in association with the Scottish Poetry Library, a unique national resource and advocate for the enriching art of poetry. Through its collections, publications, education and outreach work, the SPL aims to make the pleasures of poetry available as widely as possible.

Christmas Books, a nine-part series. Part I. The poet Stewart Conn has brought together 100 Favourite Scottish Poems, which is perfect for your Auntie Morag.
TIMES LITERARY SUPPLEMENT

Both wit and wisdom, and that fusion of the two which can touch the heart as well as the mind, distinguishes the work selected by Stewart Conn for his anthology 100 Favourite Scottish Poems (Luath Press and Scottish Poetry Library, £7.99). This lovely little book ranges from Dunbar to Douglas Dunn, taking in just about all the major and most of the minor Scottish poets of the centuries by means of their most memorable writing.
THE SCOTSMAN

It is… a highly varied collection and one that should fulfill Conn's hopes of whetting the reader's appetite… this is both a taster and a volume of substance.
THE HERALD

Wallace Muse: poems inspired by the life & legacy of William Wallace

Edited by Lesley Duncan/Elspeth King
ISBN 1 905222 29 7   PBK   £8.99

The power of Wallace
Cuts through art
But art calls attention to it
Badly or well

from *Lines for Wallace* by Edwin Morgan

Sir William Wallace – bloodthirsty and battle-hardened hero, liberator and creator of Scotland. Wallace the man was a complex character – loved by the Scots, loathed by the English, a terror to some, an inspirational leader to others. No matter what side you are on, William Wallace is an unmistakable and unforgettable historical figure whose actions at the Battle of Stirling Bridge helped free the Scottish nation. The life and legend of Wallace has been a Muse providing inspiration to poets and artists from Scotland and across the globe for 700 years. From great epic to McGonagall, the violent to the poignant, this collection highlights the impact that the memory of Wallace has made on the nation's culture for centuries.

In The Wallace Muse, Lesley Duncan, poetry editor of *The Herald*, and Elspeth King, director of the Stirling Smith Art Gallery and Museum, have compiled a selection of Wallace-inspired poetry and artworks created since Wallace's execution in 1305. From *Blind Harry* to *Braveheart*, this collection contains a sampling of the wide variety of work that Wallace inspired, including brand new poetry written especially for *The Wallace Muse* by Edwin Morgan, Les Murray and others.

Parallel Worlds CD set

Christina De Luca
ISBN 1 905222 38 6   PBK   £9.99

Read by Christine.

Christine's first two collections of poetry each won the Shetland Literary Prize and her work has been translated into more than a dozen languages. *Parallel Worlds* is an accomplished collection that transcends the parochial and personal to create honest, universal beauty. With poems in both Shetlandic and English, *Parallel Worlds* explores the two worlds circumscribed in thought and experience by the two languages and cultures of Christine's experience. For those accustomed to the Shetlandic language, here is a rare and rich indigenous talent whose enjoyment in what is, after all, her mother tongue is obvious. Even for those with no knowledge of Shetlandic, the natural vibrancy of the language is tangible, and a brief introductory overview of the language, as well as a glossary of terms accompanying each poem, ensure that the expressive beauty of *Parallel Worlds* is immediately accessible to everyone.

The volume strikes me as sustaining a real quality of excitement and as being punctuated by fresh thematic ventures and pulses of energy.
STEWART CONN, Playwright and Poet

The musical delivery of these fine poems sings off the page... De Luca seems to swim through centuries and across cultures with consummate ease. And her commitment to the Shetland tongue is far from insular – it is the key to the world...
SCOTLAND ON SUNDAY

Caledonian Cramboclink: the poetry of

William Neill

ISBN 0 946487 53 7 PBK £8.99

Caledonian: of or pertaining to the lands formerly known as North Britain. Cramboclink: rhyming verse or doggerel of Caledonian origin.

In *Caledonian Cramboclink*, William Neill is at his most colourful and engaging. His incisive commentary on Scottish life and culture has never been more relevant. He sees his poetry – in Scots, Gaelic and English – as 'a standing up for the small tongues against the big mouths'.

Internationally recognised as a master of form, William Neill's impressive body of work includes superb translations from various European languages. Of particular interest is his exploration of the other 'minority' European languages and attitudes to them.

Caledonian Cramboclink represents the best of his extensively published work, including 30 poems published in book form for the first time, a specially written foreword by Iain Crichton Smith and a searching interview with Gerry Cambridge.

In person, Neill is far from the cantankerous poet of repute, but genial, writing and possessing an encyclopaedic knowledge of matters Scottish and poetic.
GERRY CAMBRIDGE

Now approaching his 80th year, Neill continues to produce the unpretentious, powerful and often moving verse that is his hallmark.

What I'm actually doing is expressing Scotland in the languages of Scotland. I'm a Scottish poet. This to me is important... Scots is a more fitting language for satire. You can really ding them down in Scots... I feel a great affinity with mavericks. After all, if people are mavericks, they must be getting near some kind of originality.
WILLIAM NEILL

Neill's poems in Scots accommodate satire, praise, exultance, nostalgia and a sort of dark sublimity with apparent ease... he achieves, at times, an abandoned lyricism.
GERRY CAMBRIDGE

Arts of Resistance

Alexander Moffat and Alan Riach, with
Linda MacDonald Lewis
ISBN 9 781906 307639 HBK
£29.99

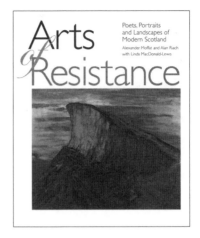

There will always be a need for the
arts to provide forms of resistance to
anything that dulls or numbs the
intellect or the sensual understanding
of the world.

The artists and writers of the 20th
century had to contend with an era
characterised by rapid change in
perspective and technology, and the
political force of their work informed,
abraded and catalysed their
contemporaries. In the 21st century,
we live in an age of distraction.
The arts are the greatest force for the
best that people can do, and we
neglect them at our peril.

Arguing that to be truly international,
you have to be national to begin with,
the authors look at the power of
nationhood to create roots from

which art can grow. Challenging the
view that there is no Scottish art, they
debate the contribution of poets,
artists and others from late 19th
century to the present day, including
William McTaggart, Hugh
MacDiarmid, the Scottish Colourists
and Charles Rennie Makintosh.

Burning Whins (POETRY)

Liz Niven
ISBN 1 84282 074 5 PBK £8.99

Burning Whins concerns itself with relationships and ownership. Describing the Scottish Parliament, aeroplane travel in the Western Isles, and the destruction wrought by the recent Foot and Mouth epidemic with equal familiarity and fluidity, these poems depict the many faces of contemporary Scotland with grace and intimacy.

Liz Niven is also a poet whose works in Scots give real presence and immediacy to this dynamic and descriptive language. *Burning Whins* cements Niven's presence as a contributor to the development of modern Scots and its linguistic place in the nation's cultural growth patterns.

Few could turn something quite as dull and soulless as a questionnaire into a poem, but in Barra Airport Niven does it beautifully
SCOTTISH REVIEW OF BOOKS, VOL I

Stravaigin

Liz Niven
ISBN 1 905222 70 X PBK £7.99

At the core of this wide-ranging collection of poems is the notion of the Scots as a community of 'stravaigers' or wanderers within as well as beyond Scotland's borders. Liz Niven draws on a variety of resources – the history of the Scots, her personal roots and the contemporary landscape – and moves outward, through various foreign cultures and many moods, to view the world through distinctly Scottish eyes.

She often adopts a feminist perspective, sometimes with incisively satirical intent. In 'A Drunk Wumman Sittin oan a Thistle', her monologue brings new meaning to MacDiarmid's seminal poem as well as providing immense, self-effacing entertainment on the plight of contemporary Scots women. Elsewhere, Niven offers stunning lyrical verse or longer narrative poetry, always beautifully crafted and with lasting resonance.

100 Favourite Scottish Poems to Read Out Loud

Edited by Gordon Jarvie
ISBN 1 906307 01 6 PBK £7.99

Poems that roll off the tongue. Poems that trip up the tongue. Poems to shout. Poems to sing. Poems to declaim. Poems that you learned at school. Poems that will stay with you forever.

Do you have a poem off by heart but always get stuck at the second verse? Can your friends and family members recite at the drop of a hat while you only have a vague memory of the poems and songs learned as a child? Or do you just want an aide-memoire to the poems you know and love? This collection includes many popular Scottish poems, from *The Wee Cock Sparra* to *The Four Maries, The Wee Kirkcudbright Centipede* to *John Anderson My Jo*; as well as poetry by Sheena Blackhall, Norman MacCaig, Jimmy Copeland, Tom Leonard and many others.

Scots have ample opportunity to let rip with old favourites on Burns Night, St Andrew's Day, or at ceilidhs and festivals. Whatever your choice, this wide-ranging selection will give you and your audience (even if it's only your mirror) hours of pleasure and enjoyment.

A Long Stride Shortens the Road

Donald Smith
ISBN 1 84282 073 7 PBK £8.99

Ranging from a celebration of the Holyrood parliament to a dialogue between Jamie Saxt and a skull, from a proposed national anthem to an autobiographical journey through pre-history, *A Long Stride Shortens the Road* traverses a Scotland that is irrevocably independent of spirit, yet universal in outlook.

The poetry in this collection charts the main staging posts in Scotland's recent history. As writer, theatre director, storyteller and political foot soldier, Donald Smith has been at the centre of the cultural action. The poems, however, also reveal a personal narrative of exile and attachment, an intimate engagement with Scottish landscape, and a sense of the spiritual in all things.

This book is for anyone interested in the crucible out of which Scotland emerged, and where it might be going. Donald Smith writes poems to reflect on in the early days of a new nation.

A Long Stride Shortens the Road *is a book of poetry that manages to be both intensely Scottish and optimistic.*
THE SCOTSMAN

Accent o the Mind

Rab Wilson

ISBN 1 905222 32 7 PBK £8.99

*The 'Mither o aa
Pairlaments'? A sham!
They've ne'er jaloused in
mair's fowr hunner years,
Whit maitters maist is
whit's atween yer ears!*

The joy, the pain, the
fear, the anger and the shame – topical
and contemporary, and mostly in
vibrant Scots, this is Scottish poetry at
its best. Encompassing history, text
messaging, politics, asylum-seeking
hedgehogs and Buckfast, Rab Wilson
covers the variety of modern Scottish
life through refreshingly honest and
often humorous poetry. *Accent o the
Mind* follows on from Rab Wilson's
groundbreaking translation into Scots
of the Persian epic, *The Ruba'iyat of
Omar Khayyam*, with a Scots transla-
tion of Horace satires. It also includes
sonnets inspired by the Miners' Strike
of 1984–85; poems he scribed as a
Wigtown Bard; and the results of
being twinned with his local MSP.

This inspirational new collection
consolidates Rab Wilson's position as
one of Scotland's leading poets and
plays a part in the reinvigoration of
the Scots language in modern Scottish
society.

*Bursting with ambition, technically
brilliant and funny*
SCOTLAND ON SUNDAY

The Ruba'iyat of Omar Khayyam, in Scots

Rab Wilson

ISBN 1 84282 070 2 PBK £9.99

Almost a thousand years
ago there lived in Persia
a great and wise man
who was a brilliant
mathematician, an
astronomer to the Royal
Court, and a poet of
unparalleled vision and
wisdom. His name was Omar
Khayyam. In the western world he is
known as the author of *The Ruba'iyat*.

An influential, inspiring poetry
collection of striking profundity,
The Ruba'iyat asks questions of our-
selves that are still relevant today.
Transformed into Lowland Scots, Rab
Wilson's version of *The Ruba'iyat of
Omar Khayyam* leaves behind the
souks, bazaars and taverns of medieval
Persia and transports us to the
bustling urban scenes of modern,
inner-city Scotland. Join the flotsam
and jetsam of a teeming underclass as
they tell us of their regrets, their joys
and their hopes, and realise – even
after centuries passed – that essentially
nothing has really changed for any of
us over the centuries.

The Luath Burns Companion

John Cairney
ISBN 1 906307 29 6 PBK £7.99

Robert Burns was born in a thunderstorm and lived his brief life by flashes of lightning. So says John Cairney in his introduction. In those flashes his genius revealed itself.

This collection is not another 'complete works' but a personal selection from 'The Man Who Played Robert Burns'. This is very much John's book. His favourites are reproduced here and he talks about them with an obvious love of the man and his work. His depth of knowledge and understanding has been garnered over forty years of study, writing and performance.

The collection includes 60 poems, songs and other works; and an essay that explores Burns' life and influences, his triumphs and tragedies. This informed introduction provides the reader with an insight into Burns' world.

Burns' work has drama, passion, pathos and humour. His careful workmanship is concealed by the spontaneity of his verse. He was always a forward thinking man and remains a writer for the future.

Talking With Tongues

Brian D Finch
ISBN 1 84282 006 0 PBK £8.99

I have read [Talking with Tongues] with much interest. The language component is strong, but so is the sense of history, and indeed the whole book is a vigorous reminder of how linguistically orientated Scottish poetry has been over the centuries. It revives, in fact, the medieval macaronic tradition in a modern and witty fashion. The range of reference from Anerin to Desert Storm is good for opening the mind and scouring it out a bit.
EDWIN MORGAN

Brian D Finch is a 'talker' of note in a city of eloquent tongues, whether in the convivial surroundings of Tennent's Bar or as the accomplished poet of this collection... He feels passionately about the obscenities of modern life, composing an almost public poetry in the time-honoured Scottish tradition, yet retaining throughout an outstanding sense of humour and an ever-present awareness of the ridiculous. Here then is a clamjamfry of poems which draw on the past but speak to the present and the future. No doubt Brian will persist in his flagellation of the Establishment and his deflation of the pretentious. His tongues will continue to talk and we will all be the richer for it.
TED COWAN

Luath Press Limited
committed to publishing well written books worth reading

LUATH PRESS takes its name from Robert Burns, whose little collie Luath (*Gael.,* swift or nimble) tripped up Jean Armour at a wedding and gave him the chance to speak to the woman who was to be his wife and the abiding love of his life. Burns called one of 'The Twa Dogs' Luath after Cuchullin's hunting dog in *Ossian's Fingal*. Luath Press was established in 1981 in the heart of Burns country, and is now based a few steps up the road from Burns' first lodgings on Edinburgh's Royal Mile. Luath offers you distinctive writing with a hint of unexpected pleasures.

Most bookshops in the UK, the US, Canada, Australia, New Zealand and parts of Europe either carry our books in stock or can order them for you. To order direct from us, please send a £sterling cheque, postal order, international money order or your credit card details (number, address of cardholder and expiry date) to us at the address below. Please add post and packing as follows: UK – £1.00 per delivery address; overseas surface mail – £2.50 per delivery address; overseas airmail – £3.50 for the first book to each delivery address, plus £1.00 for each additional book by airmail to the same address. If your order is a gift, we will happily enclose your card or message at no extra charge.

Luath Press Limited
543/2 Castlehill
The Royal Mile
Edinburgh EH1 2ND
Scotland
Telephone: 0131 225 4326 (24 hours)
Fax: 0131 225 4324
email: sales@luath.co.uk
Website: www.luath.co.uk